Pute, Gans und Ente

knusprig und fein gewürzt

> Autorin: Cornelia Schinharl | Fotos: Jörn Rynio

Inhalt

Die Theorie

- 4 Worauf es ankommt
- 5 Tipps und Tricks
- ➤ **6 Grundrezept: Entenbraten**
- 7 Warenkunde: Von Brust bis Keule
- ➤ **8 Portionieren und füllen**
- ➤ **9 Tranchieren**
- 10 Feine Begleitung

Die Rezepte

- 12 Vorspeisen und Suppen
  Leichte Gerichte für den Start ins Menü, kleine Mahlzeiten und wärmende Suppen
- 22 Geschnetzelt und gewürfelt
  Schnell zubereitete feine Fleischgerichte mit Saucen und Gemüse
- 36 Brust und Keule
  In vielen Varianten, geschmort, gebraten, mit Obst und Gemüse
- 50 Große Stücke
  Mit fruchtiger Sauce oder raffinierter Füllung

Extra

60 Register
62 Impressum
➤ **64 Die 10 GU-Erfolgstipps mit der Geling-Garantie für Pute, Gans und Ente**

➤ **GU Serviceseiten**

Verlockende Vielfalt

Saftiges Geflügelfleisch mit knuspriger Haut, festliche Braten, die mit ihrem verführerischen Duft zum Schwelgen einladen, feine Putenstreifen in aromatischer Sauce, die im Handumdrehen auf dem Tisch stehen – Pute, Ente und Gans sind so vielfältig, dass man sie jeden Tag essen möchte. Und tatsächlich sind sie heute keinesfalls mehr nur der Festtagsküche vorbehalten, bekommt man doch außer den ganzen Vögeln auch Teile wie Brust, Keulen und Schnitzel einzeln zu kaufen. Ob schnell und einfach, raffiniert oder exotisch, festlich oder schlicht – lassen Sie es sich schmecken!

Theorie
WARENKUNDE

Worauf es ankommt

1 | Das ganze Jahr über
Gab es Ente und Gans früher vor allem zu Weihnachten und anderen Festtagen, hat man heute das ganze Jahr über Gelegenheit, das feine Geflügel zu genießen. Und die Pute ist sowieso immer im Angebot.

2 | Genuss und Gesundheit
Pute, Ente und Gans schmecken nicht nur gut, sie tun auch eine ganze Menge für unsere Gesundheit. Die Pute ist natürlich vor allem deshalb beliebt, weil sie so wenig Fett enthält. Darüber hinaus versorgt sie uns aber mit hochwertigem Eiweiß, Vitamin E, Folsäure und Zink.

1 Vor Ort können Sie sich von der artgerechten Haltung überzeugen.

Entenfleisch ist reich an B-Vitaminen einschließlich Niacin, die für den reibungslosen Ablauf verschiedener Stoffwechselprozesse so wichtig sind. Außerdem enthält Entenfleisch die Mineralstoffe Eisen und Zink, gut für Blut und Haut.
Gänse haben von den dreien am meisten Fett, das jedoch zu den gesunden Fetten zählt. Darüber hinaus ist das Gänsefleisch reich an Mineralstoffen, vor allem Eisen, Kalium, Magnesium, Zink und Kupfer, außerdem enthält es wie Entenfleisch B-Vitamine und Niacin.
Obwohl sowohl Enten wie auch Gänse eher zu den fetten Geflügelsorten zählen, zeichnen sich beide durch einen hohen Gehalt an einfach ungesättigten Fettsäuren aus, die einen positiven Einfluss auf den Cholesterinspiegel haben sollen.

3 | Einkauf mit Genussgarantie
Jeder hat davon gehört und vielleicht auch einmal Bilder gesehen: Gerade bei der

2 Die Haltung hat einen großen Einfluss auf die Fleischqualität.

Geflügelzucht geht es oft nicht gerade zimperlich zu, und viele Tiere leben weit entfernt von einer artgerechten Tierhaltung. Allein deshalb, aber auch, weil es einfach besser schmeckt, lohnt es sich, nach artgerecht aufgezogenem Geflügel Ausschau zu halten. Biometzger und -Supermärkte sind auf dem Vormarsch und haben ein immer breiteres Angebot. Und auch im Internet findet man Adressen von Höfen in der Nähe seines Wohnortes, die Geflügel nicht immer mit biologischem Futter, aber artgerecht aufziehen. Erkundigen Sie sich, ob Sie das Fleisch vorbestellen müssen.

Theorie
KÜCHENPRAXIS

Tipps und Tricks

Beim Einkauf

▶ Geflügel muss frisch aussehen und darf keine angetrockneten Stellen oder Flecken haben. Bei TK-Geflügel darf unter der Folie kein Eis oder Schnee zu sehen sein, und das Fleisch soll keine weißen Flecken aufweisen. Frisches Geflügel am besten aus der Verpackung nehmen und vor allem nie länger als 2 Tage lagern. In der Zeit, in der es im Kühlschrank liegt, sollte es nicht mit anderen Zutaten in Verbindung kommen, die man roh essen will.

TK-Geflügel

▶ Das tiefgefrorene Geflügel aus der Packung nehmen und in einem Sieb über einer Schüssel auftauen lassen, damit es nicht in der Auftauflüssigkeit liegt. Geflügel immer im Kühlschrank langsam auftauen. Das dauert bei ganzem Geflügel etwa 1 Tag, bei Teilen 1/2 Tag. Die Flüssigkeit wegschütten, das Geflügel kalt abspülen und trockentupfen. Und: Aufgetautes Geflügel darf – zumindest roh – nicht noch einmal eingefroren werden.

Salmonellen

▶ Rohes Geflügel kann die gesundheitsschädlichen Salmonellen enthalten. Es ist deshalb wichtig, dass man Geflügel immer gut gekühlt lagert, frisch verarbeitet und richtig vor- und zubereitet. Bei der Vorbereitung ist wichtig, dass man das Geflügel selbst, aber auch alle Gefäße wie Schüsseln und Bretter, die mit ihm in Berührung kommen, sehr gründlich abspült. Beim Garen sollten Sie darauf achten, dass das Geflügel gut durchgegart wird.

Fett sparen

▶ Auch wenn Ente und Gans gesundes Fett enthalten, sollte man nicht zu viel davon essen. Deshalb bei ganzen Vögeln das Fett innen an der Bauchöffnung abziehen. Die Haut ganzer Vögel nach 40–45 Min. Bratzeit mehrmals einstechen, so kann Fett besser austreten. Die Haut zwar mitgaren, sie hält das Fleisch saftig, aber nicht mitessen. Die Sauce nach dem Garen entfetten (s. Erfolgstipp 2).

Garproben

▶ Das Fleisch von Pute, Ente und Gans soll durch sein, wenn es auf den Teller kommt, allenfalls Entenbrüste können innen noch rosa, aber auch nicht blutig sein. Zur Probe mit einem Schaschlikspieß in die dickste Stelle des Geflügels – etwa eine Keule – stechen. Nach kurzer Zeit tritt Saft aus. Ist er klar, ist das Fleisch auch im Inneren durch, ist er dagegen noch rötlich, muss länger gegart werden.

Nützliche Helfer

▶ Wer Geflügel im Ganzen zubereiten möchte, macht sich das Leben leichter, wenn er gute Helfer zur Hand hat. Praktisch ist ein Küchenbrett mit Saftrinne, in der sich der beim Schneiden auslaufende Saft fängt. Mit unter die Sauce rühren! Eine gut schneidende Geflügelschere, die gut in der Hand liegt, und ein großes schweres Messer sind beim Zerteilen von rohem wie gegartem Geflügel unerlässlich.

Theorie
GRUNDREZEPT

Entenbraten

Ob Ente, Gans oder Pute: Im Ganzen gebraten gelingen sie nach dem selben Prinzip. Die Devise lautet: lieber bei niedriger Temperatur etwas länger braten, dann bleibt das Fleisch schön saftig. Nach dem Braten: das Geflügel tranchieren und die Teile mit der Haut nach oben auf den Rost legen. Unter die heißen Grillschlangen schieben, bis die Haut knusprig ist. Inzwischen die Sauce entfetten und abschmecken. Zum Geflügel servieren.

FÜR 4–6 PERSONEN

➤ 1 Bauernente (etwa 2,7 kg)
Salz | Pfeffer
ein paar Zweige Beifuß nach Belieben
2 Zwiebeln
2 Möhren
1/2 l helles oder dunkles Bier

TIPPS

Gans und Pute werden bei gleicher Temperatur gebraten und ebenfalls häufig beschöpft. Die Garzeiten (s. S. 64/65):

Mit Füllung verlängert sich die Garzeit jeweils um knapp 30 Min.

Statt Bier können Sie zum Begießen der Ente auch Wein nehmen. Und: Je öfter man das Geflügel übergießt, um so saftiger bleibt es und um so knuspriger wird die Haut.

1 Die Ente schon am Vortag kalt abspülen und abtrocknen. In einem Schälchen Salz und Pfeffer mischen und die Ente damit einreiben, kühl stellen. Beifuß in den Bauch der Ente legen.

2 Den Backofen auf 170° vorheizen. Ente mit der Brust nach unten in die Fettpfanne legen. Zwiebeln und Möhren schälen, vierteln und dazulegen. 1/8 l heißes Wasser angießen.

3 Ente in den Ofen (unten, Umluft 150°) schieben und 40 Min. braten. Wenden, die Haut mit einer Nadel einstechen. Ente 2 Std. 20 Min. weiterbraten, dabei häufig mit Bier begießen.

Von Brust bis Keule

Pute: Die männlichen Tiere heißen Puter oder Truthahn, die weiblichen Pute oder Truthenne. Pute ist im Ganzen und in Stücken im Handel. Als einziges Geflügel hat die Pute sowohl mildes weißes als auch dunkles Fleisch mit kräftigem wildähnlichem Geschmack.
Ganze Puten bekommt man mit einem Gewicht von ca. 3,5 kg bis etwa 7 kg. Sie werden mit oder ohne Füllung im Ofen gebraten.
Putenbrust wird zu Schnitzeln geschnitten, im Ganzen als Braten oder Suppenfleisch zubereitet.
Ober- und Unterkeulen haben das dunklere Fleisch und eignen sich zum Schmoren, für Ragouts und zum Pochieren. Unterkeulen wiegen um die 500 g, Oberkeulen um 1 kg, man bekommt sie aber auch in Teilstücken zu kaufen.
Außerdem im Handel: **Putenleber**.

Ente: Sie hat dunkles Fleisch und einen höheren Fettanteil. Grob unterscheidet man zwischen Haus- und Wildenten. Bei Hausenten sind die etwas größeren Pekingenten und die Barbarie- oder Flugenten mit einem etwas geringeren Fettanteil im Handel. Wildenten gibt es zur Wildsaison.
Entenbrüste werden mit Haut ohne Knochen angeboten und wiegen zwischen 200 und 400 g. Die meisten Entenbrüste kommen von der Flugente, aber auch Wildentenbrüste sind zur Saison im Handel. Entenbrüste werden gebraten, gegrillt oder pochiert.
Entenkeulen wiegen zwischen 250 und 300 g und haben mehr Bindegewebe, brauchen also eine längere Garzeit als die Brust, werden aber auch nicht trocken.
Entenleber gibt's im Fachhandel.

Gans: Frisch bekommt man sie auf dem Markt, direkt vom Bauern oder im Geflügelhandel. Meist handelt es sich dabei im Gegensatz zu den Tieren aus der Tiefkühltruhe um artgerecht aufgewachsene Bauerngänse. Am besten schmecken ganze so genannte junge Gänse mit einem Gewicht von 4,5–5 kg.
Gänseteile sind in der Regel nur in der Hauptsaison, also im Herbst und Winter im Angebot. Man kann sie aber gut selber einfrieren.
Gänsebrüste bekommt man mit der Haut und mit oder ohne Knochen. Man kann sie im Ofen braten oder im Topf schmoren.
Gänsekeulen kann man braten oder schmoren, sie sind größer als Entenkeulen, in der Regel reichen also 3 für 4 Personen.
Im Handel gibt es **Gänseleber**.

Portionieren und füllen

Ente und Gans werden oft im Ganzen zubereitet, aber auch als Teilstücke eignen sie sich hervorragend zum Braten oder Schmoren. Vor allem in den Monaten vor Weihnachten bekommt man Gänse auch in Teilstücken, Enten ohnehin das ganze Jahr über. Wenn Sie dennoch einmal selbst einen ganzen Vogel zerlegen wollen, sehen Sie hier, wie es geht.

Gut kann man sich auch die Entenbrüste selbst auslösen: Diese einfach auf beiden Seiten vom Brustbein abschneiden und entlang der Rippen abtrennen.

Dann noch die Keulen ablösen und einzeln zubereiten. Aus dem übrigen Knochengerüst und dem eher fleischarmen Rücken kann man mit Suppengemüse, Lorbeer und Wacholderbeeren eine würzige Entenbrühe zubereiten. Nach dem Garen abkühlen lassen und das Fett abheben, dann die Brühe gleich verwenden oder einfrieren.

1 Keulen ablösen
Geflügel auf den Rücken legen, die Keulen oder Schenkel vom Körper wegziehen und am Gelenk mit einem Messer bis zum Gelenk einschneiden, dann durchtrennen. Die beiden Flügel ebenso abtrennen.

2 Rest zerkleinern
Geflügel umdrehen, entlang des Brustbeins einschneiden, das Brustbein mit der Geflügelschere durchtrennen. Brust seitlich vom Rücken abschneiden und ein- bis zweimal teilen. Rücken auch in Stücke schneiden.

3 Geflügel füllen
Das Tier mit der Öffnung nach oben in einen Topf stellen. Die Füllung in die Öffnung verteilen, dabei nicht zu sehr nachdrücken, da sich die Füllung beim Garen ausdehnt. Geflügel aufs Brett legen.

4 Öffnung verschließen
Die Haut an der Bauchöffnung auf beiden Seiten im Abstand von 1–2 cm mit Zahnstochern durchstechen. Küchengarn wie einen Schnürsenkel darum schlingen. Am Ende verknoten.

Theorie
KÜCHENPRAXIS

Tranchieren

Zerlegt werden Gans und Ente nach dem Garen an den gleichen Stellen, allerdings geht man etwas anders mit ihnen um.

Und bei der großen Pute geht man ganz anders vor: Die Keulen sind so groß, dass man sie nicht im Ganzen serviert, sondern das Fleisch in Scheiben abschneidet.

Stellen Sie die Servierform – etwa eine flache feuerfeste Form oder auch eine große Platte – zum Wärmen in den Ofen, wenn Sie das Geflügel herausnehmen.

Servieren Sie Ihren Gästen und sich selbst und stellen Sie dann den Rest des Fleisches wieder in den Backofen, damit es nicht auskühlt. Meist genügt die Restwärme vom Braten des Geflügels; wer ganz sicher gehen will, stellt den Ofen auf 50° ein.

Gerade bei einer Pute bleibt oft Fleisch am Knochengerüst. Das kann man kalt ablösen und mit anderen Zutaten wie Sellerie und Ananas oder Rucola und Tomaten als Salat anmachen.

Zuerst die Keulen
Für das heiße Geflügel nehmen Sie am besten ein Tranchierbesteck zum Zerteilen. Wie auf Seite 8 erst die Keulen abtrennen. Wichtig: Immer erst mit einem scharfen Messer die Haut glatt durchtrennen.

Teile übergrillen
Brust und Rücken werden in kleinere Stücke geschnitten. Zum Schluss alle Teile mit der Haut nach oben auf den Grillrost legen. Für ein paar Minuten unter den Backofengrill schieben, so wird die Haut schön knusprig.

Puten tranchieren
Die Putenkeule vom Körper wegbiegen und am Gelenk durchtrennen. Die Keule in Ober- und Unterkeule trennen. Die Keulenstücke mit einer Fleischgabel festhalten und das Fleisch in Scheiben abschneiden.

Brust schneiden
Das Bruststück an den Seiten vom Rücken des Tieres trennen. Brust mit der Tranchiergabel festhalten und das Brustfleisch auf beiden Seiten des Brustbeins mit einem Messer in dünnen Scheiben abschneiden.

Feine Begleitung

Süßsaure Chilisauce:
Für 3 Flaschen
(à 200 ml)
100 g Chilischoten,
4 Knoblauchzehen,
1 Stück Ingwer (2 cm),
4 Frühlingszwiebeln,
100 g Zucker, 5 EL milder heller Essig, Salz

Chilischoten waschen, putzen und mit den Kernen hacken. Knoblauch und Ingwer schälen und fein hacken. Zwiebeln waschen, fein zerkleinern. Chili, Knoblauch, Zwiebeln und Ingwer mit Zucker, Essig und 1/4 l Wasser 30 Min. köcheln lassen. Salzen und in Flaschen füllen.
Gut zu asiatischen Gerichten und zu gegrilltem Geflügel.

Maronen-Apfel-Püree:
Für 4 Personen
2 säuerliche Äpfel,
1/8 l naturtrüber Apfelsaft, 125 g gekochte Maronen (Gemüseabteilung), Salz, Pfeffer, 1 EL Zitronensaft

Äpfel vierteln, schälen und entkernen. In Schnitze schneiden und mit dem Apfelsaft in 10 Min. weich kochen. Äpfel etwas abkühlen lassen, mit Saft und Maronen fein pürieren, mit Salz, Pfeffer und Zitronensaft abschmecken. Schmeckt warm oder kalt.
Gut zu Enten- und Gänsebraten oder gebratenen oder gegrillten Geflügelteilen.

Preiselbeer-Konfitüre:
Für 4 Gläser (à 250 ml)
500 g frische Preiselbeeren, 1 Stück unbehandelte Zitronenschale, 2 Wacholderbeeren, 500 g Zucker

Preiselbeeren in stehendem Wasser waschen, oben schwimmende abheben und wegwerfen. Preiselbeeren abtropfen lassen. Zitronenschale in Streifen schneiden, Wacholderbeeren zerdrücken. Beides mit Preiselbeeren und Zucker mischen und 2 Std. ziehen lassen. Aufkochen und unter ständigem Rühren 15 Min. köcheln lassen. Heiß in Gläser füllen und verschließen.
Gut zu Gänse- und Entenbraten (oder Brust) und zu Putenkeulen.

Wacholder-Kräuter-Butter:
Für 4 Personen
je 1/2 Bund Dill, Petersilie und Schnittlauch, 1 TL Wacholderbeeren, 125 g weiche Butter, Salz, Pfeffer, etwas abgeriebene Orangenschale

Kräuter abspülen und trockenschütteln. Blättchen abzupfen und fein hacken. Wacholderbeeren in einer Pfanne kurz anrösten, im Mörser zerstoßen. Butter mit der Gabel fein zerdrücken, mit Kräutern, Wacholder, Salz, Pfeffer und Orangenschale würzen. Reste einfrieren.
Gut zu gebratenen Putenschnitzeln, zu Entenbrust aus dem Ofen oder vom Grill.

Theorie
KURZREZEPTE

Kartoffel-Sellerie-Püree:
Für 4 Personen
600 g mehlig kochende Kartoffeln, 400 g Knollensellerie, Salz, 1/4 l Milch, 2 EL Butter, Pfeffer, frisch geriebene Muskatnuss

Kartoffeln und Sellerie schälen, waschen und würfeln. In Salzwasser zugedeckt weich kochen. Die Milch erwärmen. Die Butter darin zerlaufen lassen. Kartoffelmischung abgießen, fein zerdrücken und mit der Milch mischen. Mit Salz, Pfeffer und Muskat würzen.
Gut zu Enten-, Puten- oder Gänsebraten, zu Ragouts.

Kartoffelgratin:
Für 4 Personen
1 kg vorwiegend fest kochende Kartoffeln, 1 Knoblauchzehe, Salz, Pfeffer, 300 g Sahne, 100 ml Milch, 1 EL Butter

Kartoffeln schälen, waschen und in Scheiben hobeln. Knoblauch schälen, halbieren, eine Auflaufform damit ausreiben. Kartoffeln lagenweise in die Form schichten, jeweils salzen und pfeffern. Sahne und Milch verrühren, seitlich angießen. Butter würfeln und auflegen. Gratin bei 180° (Umluft 160°) 45 Min. backen.
Gut zu Entenbrust, Frikadellen oder Putenschnitzeln.

Reis mit Kruste:
Für 4 Personen
300 g Basmatireis, Salz, 150 g fest kochende Kartoffeln, 4 EL Butter

Reis waschen und in reichlich Salzwasser 5 Min. kochen. Abgießen und abschrecken. Kartoffeln schälen, waschen und in dünne Scheiben schneiden. In einem größeren Topf 2 EL Butter schmelzen. Kartoffelscheiben einlegen, Reis pyramidenartig einschichten. Mit der übrigen Butter in Flöckchen belegen. Mit einem Küchentuch und dem Deckel verschließen, bei sehr schwacher Hitze 1 Std. garen. Topf in kaltes Wasser tauchen, den Reis herauslösen.
Gut zu Ragouts und Gerichten mit Sauce.

Pilzrisotto:
Für 4 Personen
40 g getrocknete Steinpilze, 1 Zwiebel, 2 Knoblauchzehen, 40 g Butter, 300 g Risottoreis, 3/4 l Gemüsebrühe, 40 g frisch geriebener Parmesan, Salz, Pfeffer

Steinpilze in 1/4 l warmem Wasser einweichen, klein würfeln, Sud sieben. Zwiebel und Knoblauch fein hacken und in der Hälfte der Butter anbraten. Reis untermischen, nach und nach Pilzsud und Brühe angießen und den Risotto unter häufigem Rühren offen garen. Käse mit übriger Butter untermischen, salzen und pfeffern.
Gut zu gebratenem Geflügel.

Vorspeisen und Suppen

Ob als Salat, in zartem Teig knusprig frittiert, pochiert und mit einer feinen Sauce serviert oder aus dem Suppentopf – Geflügelfleisch ist ein idealer Start in ein edles Menü. Es schmeckt fein und ist in den Rezepten in diesem Kapitel so leicht, dass es nicht belastet. So eine Vorspeise ersetzt auch einmal eine kleine Mahlzeit, und mit den Suppen können Sie sich an kalten Tagen von innen her richtig schön wärmen. Überzeugen Sie sich selbst!

13	Frittierte Putenwürfel	19	Pilzcarpaccio mit Gänseleber
13	Salat mit Putenstreifen	19	Gänsebrust auf Rotkohlsalat
14	Entenlebermousse	20	Kokossuppe mit Putenstreifen
14	Pute mit Tunfisch-Limetten-Sauce	20	Entensuppe mit Linsen
16	Puten-Gemüse-Salat		
16	Reisnudelsalat mit Ente		

Rezepte
VORSPEISEN UND SUPPEN

Blitzrezepte

Frittierte Putenwürfel

FÜR 4 PERSONEN

▶ 120 g Mehl | 1 Eigelb | Salz | 1 Bund Minze | 250 g Joghurt | 1 TL Zitronensaft | je 1/2 TL Kreuzkümmel und Koriander | Chilipulver | 500 g Putenbrust am Stück | 750 g Öl oder Frittierfett

1 | Das Mehl mit Eigelb, 1 kräftigen Prise Salz und 1/8 l eiskaltem Wasser glatt verrühren. Minze waschen, trockenschwenken. Blättchen abzupfen, grob hacken und mit dem Joghurt pürieren. Mit Zitronensaft, Gewürzen und Salz abschmecken.

2 | Putenfleisch in gut 1 cm große Würfel schneiden. Fett im Wok gut erhitzen. Fleisch durch den Teig ziehen, portionsweise 3–4 Min. frittieren, abfetten lassen und mit der Sauce servieren.

Salat mit Putenstreifen

FÜR 4 PERSONEN

▶ 200 g Blattsalat (gemischt) | 250 g Tomaten | 200 g Champignons | 4 getrocknete Tomaten in Öl | 1 TL scharfer Senf | 2 EL Apfelessig | Salz | Pfeffer 5 EL Olivenöl | 400 g Putenschnitzel 1 EL Butter | 2 EL Pinienkerne

1 | Salat, Tomaten und Pilze waschen und putzen. Salat kleiner zupfen, Tomaten würfeln. Pilze in Scheiben, Trockentomaten in Streifen schneiden. Senf mit Essig, Salz, Pfeffer und 4 EL Öl gründlich verrühren, mit Salatzutaten mischen.

2 | Fleisch in Streifen schneiden, im übrigen Öl mit der Butter 2–3 Min. bei starker Hitze braten. Salat auf Teller verteilen, mit Putenstreifen und Pinienkernen garnieren.

Rezepte
VORSPEISEN UND SUPPEN

gut vorzubereiten
Entenlebermousse

FÜR 6 PERSONEN

- 1 kleiner säuerlicher Apfel
- 1 kleine Zwiebel
- 2 Zweige Thymian
- 300 g Entenleber
- 50 g Butter
- 5 EL Vin santo, Süßwein oder naturtrüber Apfelsaft
- 100 g Sahne
- 2 TL Zitronensaft
- Salz | Pfeffer

Zubereitung: 35 Min.
Kühlzeit: 2 Std.
Pro Portion ca.: 200 kcal

1 | Den Apfel vierteln, vom Kerngehäuse befreien und klein würfeln. Zwiebel schälen und fein hacken. Thymian waschen und trockenschütteln, die Blättchen abstreifen. Leber putzen, würfeln.

2 | In einem Topf 1 EL Butter erhitzen. Apfel, Zwiebel und Thymian darin andünsten. Entenleber dazugeben und alles bei schwacher Hitze etwa 10 Min. dünsten. Immer wieder durchrühren. Mit dem Vin santo ablöschen, zugedeckt nochmals etwa 5 Min. dünsten. Abkühlen lassen.

3 | Entenleber mit Apfel, Zwiebel, Thymian und der übrigen Butter fein pürieren. Sahne steif schlagen und unterheben. Mousse mit dem Zitronensaft, Salz und Pfeffer abschmecken und in eine Schüssel füllen. Vor dem Servieren 2 Std. kühl stellen.

▶ Beilage: Baguette

für Gäste | exotisch
Pute mit Tunfisch-Limetten-Sauce

FÜR 6 PERSONEN

- 1 Bund Suppengrün
- Salz | Pfeffer
- 600 g Putenbrust am Stück
- 1 Limette
- 1/4 Bund Koriandergrün oder Thai-Basilikum
- 1 frisches Eigelb
- 100 ml neutrales Öl
- 1 Dose Tunfisch im Sud

Zubereitung: 1 Std.
Pro Portion ca.: 265 kcal

1 | Suppengrün waschen oder schälen, putzen und in grobe Würfel schneiden. Mit 1 1/2 l Wasser zum Kochen bringen und salzen. Putenbrust einlegen und mit halb aufgelegtem Deckel bei schwacher Hitze in etwa 45 Min. gar ziehen, dann im Sud abkühlen lassen.

2 | Limette heiß waschen und abtrocknen, die Schale fein abreiben, den Saft auspressen. Koriander waschen, trockenschütteln und bis auf ein paar Blättchen fein hacken. Vom Putensud 1/8 l abmessen.

3 | Eigelb in einer Schüssel verrühren, nach und nach das Öl in winzigen Portionen mit dem Handrührer unterrühren, bis eine Mayonnaise entsteht. Tunfisch abtropfen lassen und mit dem Putensud pürieren. Tunfisch mit der Limettenschale und dem Koriander unter die Mayonnaise rühren. Mit Salz, Pfeffer und etwa 1 EL Limettensaft abschmecken.

4 | Fleisch in feine Scheiben schneiden, auf eine Platte legen und mit der Sauce überziehen. Mit Kräuterblättchen garnieren.

▶ Beilage: Baguette

Rezepte
VORSPEISEN UND SUPPEN

kalorienarm | schnell
Puten-Gemüse-Salat

FÜR 4 PERSONEN
- 1/2 l Geflügelbrühe
  400 g Putenschnitzel
  1 junger Zucchino
  1 rote Paprikaschote
  1 Stange Sellerie
  2 Frühlingszwiebeln
  1/2 Bund Basilikum
  3 EL Balsamico bianco
  Salz
  Pfeffer
  6 EL Olivenöl
  2 EL Pinienkerne

⏱ Zubereitung: 20 Min.
▶ Pro Portion ca.: 340 kcal

1| Geflügelbrühe zum Kochen bringen. Putenschnitzel einlegen und bei schwacher Hitze zugedeckt je nach Dicke 8–10 Min. ziehen lassen.

2| Gemüse waschen und putzen. Zucchino erst in Scheiben, dann in feine Stifte schneiden. Paprika mit dem Sellerie in Streifen teilen. Frühlingszwiebeln in 4 cm lange Stücke, diese ebenfalls in Streifen schneiden.

3| Putenfleisch aus der Brühe nehmen und in feine Scheiben schneiden. Basilikum waschen, die Blättchen kleiner zupfen. Essig mit Salz, Pfeffer und 1–2 EL Brühe verrühren. Olivenöl unterschlagen. Alle Zutaten mit der Salatsauce mischen und abschmecken. Pinienkerne ohne Fett anrösten und aufstreuen.

asiatisch
Reisnudelsalat mit Ente

FÜR 4 PERSONEN
- 2 Entenbrüste (je 250 g)
  4 EL Sojasauce
  2 TL Honig
  2 TL Sambal oelek
  2 EL Sesamöl
  150 g schmale Reisnudeln
  400 g Spinat | Salz
  2 EL Sesamsamen
  3 EL Limettensaft
  2 Frühlingszwiebeln

⏱ Zubereitung: 50 Min.
▶ Pro Portion ca.: 535 kcal

1| Die Haut der Entenbrüste rautenförmig einschneiden. 2 EL Sojasauce mit Honig, Sambal oelek und 2 TL Sesamöl verrühren, Entenbrüste damit einstreichen. Grill des Backofens vorheizen. Entenbrüste mit der Haut nach oben auf den Rost über ein Backblech legen und 10 Min. grillen. Dann wenden und noch einmal 6 Min. grillen.

2| Inzwischen Reisnudeln mit kochendem Wasser überbrühen, 10 Min. ziehen lassen. Spinat verlesen, waschen und in kochendem Salzwasser in 1–2 Min. zusammenfallen lassen. Kalt abschrecken, abtropfen lassen.

3| Sesamsamen in einer Pfanne ohne Fett 1–2 Min. rösten, bis sie anfangen zu springen. Im Mörser so fein wie möglich zerdrücken und mit Limettensaft, dem übrigen Sesamöl und der restlichen Sojasauce verrühren.

4| Entenbrüste in feine Scheiben schneiden. Reisnudeln abtropfen lassen, mit der Küchenschere kleiner schneiden. Spinat auseinander lösen. Diese Zutaten mit der Sauce mischen und mit Salz abschmecken. Frühlingszwiebeln waschen, putzen, in Ringe schneiden und aufstreuen.

im Bild vorne: **Reisnudelsalat mit Ente** *im Bild hinten:* **Puten-Gemüse-Salat** ▶

Rezepte
VORSPEISEN UND SUPPEN

gelingt leicht | schnell

Pilzcarpaccio mit Gänseleber

FÜR 4 PERSONEN

- 3 EL Zitronensaft
  Salz | Pfeffer
  5 EL Olivenöl
  1/2 Bund Basilikum
  300 g ganz frische Champignons oder Egerlinge
  100 g Cocktailtomaten
  250 g Gänseleber (ganz normale! Keine Stopfleber)
  1 EL Butter
  1 EL Calvados nach Belieben

⏱ Zubereitung: 25 Min.
▶ Pro Portion ca.: 245 kcal

1 | Zitronensaft mit Salz und Pfeffer verrühren. Das Öl cremig unterschlagen. Basilikum waschen, die Blättchen abzupfen und in Streifen schneiden. Pilze mit Küchenpapier abreiben, Stielenden abschneiden. Tomaten waschen und vierteln.

2 | Gänseleber kalt abspülen und trockentupfen. Von allen Häutchen und Blutgefäßen befreien und in Streifen schneiden.

3 | Pilze in feine Scheiben hobeln und auf Tellern auslegen, mit Basilikum und Tomaten garnieren und mit der Sauce beträufeln.

4 | Butter in einer Pfanne erhitzen. Leberstreifen darin unter Rühren 2–3 Min. braten. Nach Belieben mit dem Calvados ablöschen. Leber mit Salz und Pfeffer würzen und auf den Pilzen verteilen. Rasch servieren.

fruchtig | für Gäste

Gänsebrust auf Rotkohlsalat

FÜR 4 PERSONEN

- 500 g Rotkohl | Salz
  1 unbehandelte Orange
  3 EL Rotweinessig
  Pfeffer
  4 EL Rapsöl
  1 TL Birnendicksaft
  1 Gänsebrust ohne Knochen (etwa 340 g)
  2 TL scharfer Senf

⏱ Zubereitung: 45 Min.
▶ Pro Portion ca.: 395 kcal

1 | Den Rotkohl waschen und vierteln, den Strunk herausschneiden und den Rotkohl fein hobeln. Mit Salz mischen und kräftig durchkneten.

2 | Orange heiß waschen und abtrocknen, etwas Schale fein abreiben. Übrige Schale so abschneiden, dass auch die weiße Haut entfernt wird. Orangenfilets zwischen den Häuten herausschneiden, würfeln. Saft auffangen und mit dem Essig, Pfeffer, Öl und Dicksaft gut verrühren. Unter den Rotkohl mischen und eventuell noch leicht salzen. Durchziehen lassen.

3 | Den Grill des Backofens einschalten. Fettschicht der Gänsebrust rautenförmig einschneiden. Gänsebrust salzen und pfeffern, mit dem Senf einstreichen. Mit der Fettseite nach oben auf den Rost legen und 10 Min. grillen. Wenden, 8 Min. grillen.

4 | Orangenstücke unter den Salat mischen, auf Tellern verteilen. Gänsebrust kurz ruhen lassen, in Scheiben schneiden und auf dem Salat anrichten. Gleich servieren.

▶ Beilage: Baguette

◀ im Bild vorne: **Pilzcarpaccio mit Gänseleber**   im Bild hinten: **Gänsebrust auf Rotkohlsalat**

Rezepte
VORSPEISEN UND SUPPEN

scharf | asiatisch
Kokossuppe mit Putenstreifen

FÜR 4 PERSONEN

- 400 g Putenschnitzel
- 4 EL Limettensaft
- 2 EL helle Sojasauce
- 1 rote Chilischote
- 1/2 l Geflügelbrühe
- 1 Dose Kokosmilch (400 g)
- 2 Frühlingszwiebeln
- 150 g kleine Cocktailtomaten | Salz
- Minzeblättchen zum Bestreuen

⏲ Zubereitung: 20 Min.
▶ Pro Portion ca.: 355 kcal

1 | Die Putenschnitzel in feine Streifen schneiden, mit 1 EL Limettensaft und der Sojasauce mischen.

2 | Chilischote waschen, vom Stiel befreien und mit den Kernen in feine Ringe schneiden. Mit der Brühe und der Kokosmilch in einen Topf geben und erhitzen.

3 | Frühlingszwiebeln waschen, putzen und in feine Ringe schneiden. Tomaten waschen und halbieren. Beides mit den Putenstreifen unter die Suppe rühren. Mit Salz und dem übrigen Limettensaft abschmecken und 5 Min. bei schwacher Hitze ziehen lassen. Mit Minze bestreut servieren.

herzhaft | gelingt leicht
Entensuppe mit Linsen

FÜR 4 PERSONEN

- 2 Entenkeulen
- Salz | Pfeffer
- 1 Bund Suppengrün
- 2 EL Öl
- 2 Lorbeerblätter
- 2 TL Fenchelsamen
- 150 g braune oder grüne Linsen
- 150 g Champignons
- 1 Zucchino
- 150 g Cocktailtomaten
- 1 EL Aceto balsamico

⏲ Zubereitung: 35 Min.
⏲ Garzeit: 2 1/4 Std.
▶ Pro Portion ca.: 435 kcal

1 | Entenkeulen mit Salz und Pfeffer einreiben. Suppengrün waschen oder schälen, putzen und grob würfeln.

2 | Im Suppentopf 1 EL Öl erhitzen. Entenkeulen darin anbraten, Gemüse kurz mitbraten. Mit 1 1/2 l Wasser aufgießen. Lorbeer und Fenchelsamen untermischen, Suppe mit halb aufgelegtem Deckel bei schwacher Hitze etwa 1 1/2 Std. köcheln lassen.

3 | Entenkeulen aus der Brühe nehmen, Brühe sieben und wieder in den Topf füllen. Linsen dazugeben und zugedeckt in etwa 45 Min. nicht zu weich garen.

4 | Champignons putzen, Stielenden abschneiden. Pilze in Scheiben schneiden. Zucchino waschen, putzen und in Stifte schneiden. Tomaten waschen und halbieren.

5 | Entenkeulen häuten und das Fleisch von den Knochen lösen. In Streifen schneiden. Pilze mit Zucchinistiften im übrigen Öl gut anbraten. Mit Salz und Pfeffer würzen.

6 | Entenfleisch, gebratenes Gemüse und Tomaten zu den Linsen in die Suppe geben, mit Balsamico, Salz und Pfeffer abschmecken.

Geschnetzelt und gewürfelt

Fein-aromatisch und schnell fertig, das sind die Pluspunkte ganz vieler Gerichte mit Geflügel. An erster Stelle steht in diesem Kapitel das Fleisch der feinen Pute, aber auch aus Enten- und Gänsefleisch lassen sich so manche Köstlichkeiten zaubern, die schnell auf dem Tisch stehen und einen ganz besonderen Genuss versprechen!

23	Putenstreifen in Senfsahne	30	Putenwürfel mit Cashews
23	Balsamico-Ente	30	Pute mit Currybananen
24	Enten-Zuckerschoten-Wok	33	Entenragout
24	Thai-Ente	33	Putengulasch mit Gurken
26	Leber mit Salbei	34	Putenschnitzel mit Mozzarella
26	Gänsefleischfrikadellen	34	Gedämpfte Putenröllchen
29	Entensaté mit Erdnusssauce		

Rezepte
GESCHNETZELT UND GEWÜRFELT

Blitzrezepte

Putenstreifen in Senfsahne

FÜR 4 PERSONEN

➤ 800 g Putenschnitzel oder Putenbrust | 3 EL Butter | 1 EL neutrales Öl | Salz | Pfeffer | 200 ml Hühner- oder Gemüsebrühe | 200 g Sahne | 1 EL scharfer Senf | 1/2 EL süßer Senf

1 | Putenfleisch trockentupfen und in feine Streifen schneiden. In einer großen Pfanne 1 EL Butter mit dem Öl erhitzen. Putenstreifen darin in 2 Portionen gut anbraten, salzen, pfeffern und herausnehmen.

2 | Brühe und Sahne in die Pfanne gießen und in 2–3 Min. leicht cremig einkochen lassen. Beide Senfsorten und übrige Butter unterschlagen, Sauce salzen und pfeffern. Putenstreifen einrühren.

Balsamico-Ente

FÜR 4 PERSONEN

➤ 700 g Entenbrustfilets | Salz | Pfeffer | 1 TL Speisestärke | 2 rote Zwiebeln | 2 EL Butter | 70 ml Aceto balsamico | 150 g Sahne | 1 TL Honig | Basilikumblättchen

1 | Entenbrust von der Fettschicht befreien und in dünne Scheiben schneiden. Salz, Pfeffer und Speisestärke mischen, das Fleisch darin wälzen. Zwiebeln schälen, halbieren, in Streifen schneiden.

2 | Entenfleisch in der Butter in zwei Portionen kräftig anbraten, herausnehmen. Zwiebeln im Fett braten, mit Balsamico ablöschen. Sahne mit Honig untermischen, salzen, pfeffern. Fleisch darin erwärmen. Mit Basilikum bestreuen.

Rezepte
GESCHNETZELT UND GEWÜRFELT

herzhaft | gelingt leicht
Enten-Zuckerschoten-Wok

FÜR 4 PERSONEN
- 800 g Entenbrustfilets
  2 TL Fünf-Gewürze-Pulver
  250 g Zuckerschoten
  1 unbehandelte Orange
  1 Stück Ingwer (etwa 1 cm)
  1 rote Chilischote
  4 EL neutrales Öl
  5 EL Sojasauce
  2 TL Honig | Salz
  Minzeblättchen zum Garnieren

- Zubereitung: 35 Min.
- Pro Portion ca.: 620 kcal

1 | Entenfilets von der Fettschicht befreien und mit einem scharfen Messer in feine Streifen schneiden. Mit dem Gewürzpulver mischen.

2 | Zuckerschoten waschen und die Enden abschneiden. Orange heiß waschen und abtrocknen. 1 Hälfte dünn schälen, Schale in feine Streifen schneiden, die ganze Frucht auspressen. Ingwer schälen und fein hacken, Chili waschen und mit den Kernen in feine Ringe schneiden.

3 | Den Wok erhitzen, 2 EL Öl hineingeben. Die Entenscheiben in 2 Portionen im Öl in 2–3 Min. gut anbraten und wieder herausnehmen. Zuckerschoten mit Chili und Ingwer sowie dem übrigen Öl in den Wok geben und unter Rühren in 4–5 Min. bissfest braten.

4 | 100 ml Wasser mit Sojasauce und Orangensaft mischen, mit Orangenschale und Honig in den Wok geben. Fleisch untermischen, erhitzen, salzen und mit Minze bestreuen.

- Beilage: Reis

scharf | für Gäste
Thai-Ente

FÜR 4 PERSONEN
- 4 Entenkeulen
  1/2 Bund Koriandergrün
  6 Knoblauchzehen
  3 EL Sojasauce
  2 EL Honig
  Salz | Pfeffer
  1 Dose Kokosmilch (400 g)
  1 EL rote Currypaste
  150 g Cocktailtomaten
  1 Bund Basilikum
  2 EL Limettensaft

- Zubereitung: 25 Min.
- Marinierzeit: 2–3 Std.
- Schmorzeit: 1 Std.
- Pro Portion ca.: 720 kcal

1 | Entenkeulen mit einem Messer und der Geflügelschere halbieren oder dritteln. Koriander waschen, Blättchen abzupfen. Knoblauch schälen, hacken. Beides mit Sojasauce, Honig, Salz und Pfeffer im Blitzhacker fein zerkleinern, Entenstücke damit einreiben. 2–3 Std. ziehen lassen.

2 | Schmortopf oder Wok erhitzen, Entenstücke darin rundherum gut anbraten. Kokosmilch mit Currypaste zugeben und gut verrühren. Bei schwacher Hitze zugedeckt etwa 1 Std. schmoren.

3 | Tomaten waschen und halbieren. Basilikum etwas kleiner zupfen. Beides unter die Sauce mischen und erwärmen, mit Salz und Limettensaft abschmecken.

- Beilage: Reis
- Schnelle Variante: Statt Entenkeulen Entenbrust nehmen, vierteln und nach dem Braten nur 15–20 Min. schmoren.

im Bild vorne: Enten-Zuckerschoten-Wok   im Bild hinten: Thai-Ente

Rezepte
GESCHNETZELT UND GEWÜRFELT

mediterran | schnell
Leber mit Salbei

FÜR 4 PERSONEN

- 600 g Enten- oder Gänseleber
  Salz | Pfeffer
  300 g Cocktailtomaten
  1 Zweig Salbei
  4 Knoblauchzehen
  1 Bund Frühlingszwiebeln
  2 EL Olivenöl | 2 EL Butter
  1/8 l halbtrockener Weißwein oder Sherry (ersatzweise Geflügelbrühe)

- Zubereitung: 30 Min.
- Pro Portion ca.: 330 kcal

1 | Die Leber waschen, von Häutchen und Sehnen befreien, in dünne Scheiben schneiden, salzen und pfeffern.

2 | Tomaten waschen und halbieren. Salbei waschen und trockenschütteln, Blättchen abzupfen. Knoblauch schälen und in dünne Scheiben schneiden. Frühlingszwiebeln waschen, putzen und in 1 cm breite Stücke schneiden.

3 | Das Öl und die Butter in einer Pfanne erhitzen. Die Leber darin in 2 Portionen jeweils kräftig anbraten und wieder herausnehmen.

4 | Zwiebelstücke in der Pfanne 1 Min. braten, dann Salbei und Knoblauch dazugeben und gut anbraten. Tomaten einlegen, mit Salz und Pfeffer würzen und mit dem Wein ablöschen. Leber wieder untermischen und alles zugedeckt 2–3 Min. erwärmen.

- Beilage: Bandnudeln oder Risotto

exotisch
schmeckt auch kalt
Gänsefleischfrikadellen

FÜR 4 PERSONEN

- 2 Gänsekeulen mit Rückenteil (etwa 1 kg)
  1 Stück Ingwer (2 cm)
  1 Limette
  1/4 Bund Koriandergrün
  2 EL Cashewnusskerne
  2 Eier
  2 EL Semmelbrösel
  Salz | Cayennepfeffer
  2 EL Butterschmalz

- Zubereitung: 1 Std.
- Pro Portion ca.: 578 kcal

1 | Die Gänsekeulen häuten und das Fleisch von den Knochen lösen. Gänsefleisch sehr fein hacken. Ingwer schälen und fein hacken. Limette heiß waschen und abtrocknen, Schale fein abreiben. Koriander waschen, trockenschütteln und die Blättchen fein hacken. Cashewnüsse fein zerkleinern.

2 | Gänsefleisch mit Ingwer, Limettenschale, Koriander, Cashews, Eiern und Semmelbröseln in eine Schüssel geben und mit Salz und Cayennepfeffer würzen.

3 | Die Zutaten kräftig durchkneten, bis ein gebundener Teig entstanden ist. Diesen zu 8 Pflänzchen formen. Gänspflänzchen im Butterschmalz bei mittlerer Hitze etwa 6 Min. braten, wenden und noch einmal 6 Min. braten.

- Beilage: Salat und Weißbrot
- Variante: Statt Gänsefleisch können Sie die gleiche Menge Entenbrust oder Fleisch von der Putenkeule nehmen.

im Bild vorne: **Leber mit Salbei** *im Bild hinten:* **Gänsefleischfrikadellen**

Rezepte
GESCHNETZELT UND GEWÜRFELT

Klassiker auf neue Art
Entensaté mit Erdnusssauce

FÜR 4 PERSONEN

- 2 fleischige Entenbrüste (je etwa 380 g)
- 300 g Kokosmilch
- 1 Limette
- 1 Stück Ingwer (2 cm)
- 4 EL Sojasauce | Salz
- 3 TL Sambal oelek
- 125 geröstete Erdnusskerne
- 2 EL brauner Zucker
- 2 EL Öl
- Holzspieße
- Korianderblättchen zum Bestreuen

⏱ Zubereitung: 50 Min.
⏱ Marinierzeit: 2 Std.
- Pro Portion ca.: 820 kcal

1 | Entenbrust häuten, längs mit einem scharfen Messer in feine Scheiben schneiden.

2 | Kokosmilch mixen. Limette heiß abwaschen, die Schale abreiben, Saft auspressen. Ingwer schälen und fein reiben. Aus 3 EL Kokosmilch, der Limettenschale, der Hälfte vom Ingwer, der Sojasauce, Salz und 1 TL Sambal oelek eine Marinade rühren und mit dem Fleisch mischen. Für etwa 2 Std. in den Kühlschrank stellen.

3 | Für die Sauce die Erdnusskerne fein reiben oder im Blitzhacker fein zerkleinern. Mit der übrigen Kokosmilch, dem Zucker, dem restlichen Sambal, Ingwer und Salz in einem Topf erwärmen und 10 Min. köcheln lassen, bis die Sauce dickflüssig ist. Mit Limettensaft und eventuell noch etwas Salz abschmecken.

4 | Fleisch aufspießen. In einer großen Pfanne das Öl gut heiß werden lassen. Die Spieße darin bei starker Hitze pro Seite etwa 2 Min. braten. Wenn nicht alle in die Pfanne passen, portionsweise braten und jeweils im Backofen bei 70° warm halten. Die Spieße mit Korianderblättchen garnieren und mit der Erdnusssauce sofort servieren.

- Beilage: Duftreis

1 Entenbrust häuten
Die Fettschicht seitlich mit dem Messer lösen, vorsichtig abziehen.

2 Kokosmilch mixen
Kokosmilch trennt sich oft. Mit dem Pürierstab gut mixen.

3 Aufspießen
Fleischstreifen wie eine Ziehharmonika auf die Spieße stecken.

Rezepte
GESCHNETZELT UND GEWÜRFELT

scharf | schnell
Putenwürfel mit Cashews

FÜR 4 PERSONEN
- 700 g Putenbrust
  2 TL Speisestärke | Salz
  1 rote Paprikaschote
  2 rote Zwiebeln
  4 getrocknete Chilischoten
  4 EL Sojasauce
  2 EL Reisessig
  2 TL Zucker
  5 EL neutrales Öl
  100 g Cashewnusskerne

Zubereitung: 20 Min.
- Pro Portion ca.: 485 kcal

1 | Das Fleisch in etwa 1 cm große Würfel schneiden. Mit der Speisestärke und Salz mischen.

2 | Die Paprika waschen, halbieren und putzen, in feine Streifen schneiden. Die Zwiebeln schälen, halbieren und ebenfalls in Streifen schneiden. Chilischoten im Mörser zerkrümeln. Sojasauce mit Reisessig, Zucker und 50 ml Wasser verrühren.

3 | Das Öl im Wok erhitzen. Die Cashews darin unter Rühren etwa 1 Min. braten, bis sie goldgelb sind. Mit dem Schaumlöffel herausheben. Paprika, Zwiebeln und Chili in den Wok geben und 1 Min. braten. Putenwürfel dazurühren und 2–3 Min. braten, bis sie nicht mehr rosa sind. Die Sauce gut untermischen. Das Fleisch mit Salz abschmecken, Cashews untermischen und servieren.

- Beilage: Duftreis

fruchtig | gelingt leicht
Pute mit Currybananen

FÜR 4 PERSONEN
- 600 g Putenschnitzel
  1 Zwiebel | 2 EL Öl
  2 EL Madras-Currypulver
  200 ml Geflügelbrühe
  50 g Sahne
  100 g TK-Erbsen
  Salz | Pfeffer
  2 Bananen | 1 EL Butter
  2 EL Zitronensaft

Zubereitung: 20 Min.
- Pro Portion ca.: 325 kcal

1 | Putenschnitzel in Streifen schneiden. Zwiebel schälen und fein würfeln.

2 | Öl in einem weiten Topf erhitzen, Zwiebel darin andünsten. Fleisch untermischen und braten, bis es nicht mehr rosa ist. Mit dem Curry bestäuben und kurz weiterbraten. Mit der Brühe und der Sahne aufgießen. Erbsen hinzufügen, alles mit Salz und Pfeffer abschmecken und zugedeckt bei schwacher Hitze etwa 6 Min. garen.

3 | Inzwischen die Bananen schälen und leicht schräg in gut 1 cm dicke Scheiben schneiden. Butter in einer Pfanne erhitzen, die Bananen darin unter vorsichtigem Wenden braten. Mit dem Zitronensaft abschmecken und mit dem Putenfleisch mischen.

- Beilage: Duftreis oder asiatische Eiernudeln

TIPP
Madras-Currypulver gibt es mild oder scharf. Wir haben scharfes verwendet, Sie können aber auch das milde nehmen.

im Bild vorne: Pute mit Currybananen   *im Bild hinten:* Putenwürfel mit Cashews

Rezepte
GESCHNETZELT UND GEWÜRFELT

gelingt leicht
Entenragout

FÜR 4 PERSONEN

- 600 g Entenbrustfilets
  Salz | Pfeffer
  2 Stangen Sellerie
  1 kleine Aubergine
  1 rote Paprikaschote
  1 Zwiebel
  2 Knoblauchzehen
  ein paar Zweige Thymian
  1 EL Olivenöl
  1 kleine Dose geschälte Tomaten (400 g)
  1 Prise Zucker

⏱ Zubereitung: 55 Min.
- Pro Portion ca.: 415 kcal

1 | Das Fleisch salzen und pfeffern. Eine Pfanne erhitzen, Filets darin auf der Fettseite 5 Min. kräftig anbraten, herausnehmen.

2 | Gemüse waschen. Selleriegrün beiseite legen, Stangen in Scheiben schneiden. Auberginen würfeln, Paprika putzen und in Streifen schneiden. Zwiebel und Knoblauch schälen, fein würfeln. Thymian waschen, die Blättchen abzupfen. Entenfilets in Würfel schneiden.

3 | Olivenöl erhitzen. Zwiebel und Knoblauch mit Thymian darin andünsten. Gemüse unter Rühren 1–2 Min. mitbraten. Tomaten in der Dose kleiner schneiden und unterrühren. Mit Salz, Pfeffer und Zucker abschmecken. Entenstücke einlegen und alles zugedeckt bei schwacher Hitze etwa 20 Min. schmoren. Mit Selleriegrün bestreuen.

- Beilage: Rosmarinkartoffeln

preiswert
Putengulasch mit Gurken

FÜR 4 PERSONEN

- 600 g Putenbrust am Stück
  1 Gurke
  1 Stange Lauch
  200 g Tomaten
  1 Bund Dill
  2 EL Butter
  3 TL Paprika, rosenscharf
  1/8 l trockener Weißwein oder Geflügelbrühe
  Salz | Pfeffer
  100 g Crème fraîche
  2 TL Zitronensaft

⏱ Zubereitung: 45 Min.
- Pro Portion ca.: 355 kcal

1 | Putenbrust in etwa 1 cm große Würfel schneiden. Gurke schälen und der Länge nach halbieren. Kerne mit einem Teelöffel herauskratzen, Gurke in etwa 1/2 cm breite Stücke schneiden. Lauch putzen, der Länge nach aufschlitzen, gut waschen und in Streifen schneiden. Tomaten waschen und sehr klein würfeln. Dill waschen, trockenschütteln und hacken.

2 | Butter in einem Topf erhitzen. Putenwürfel darin rundherum anbraten und wieder herausnehmen. Lauch und Gurke im Bratfett andünsten, mit dem Paprika bestäuben und kurz weiterdünsten. Tomaten mit Wein und der Hälfte vom Dill dazugeben, salzen und pfeffern. Putenwürfel wieder einlegen und alles zugedeckt bei schwacher Hitze etwa 10 Min. schmoren.

3 | Crème fraîche mit übrigem Dill untermischen, Gulasch mit Zitronensaft, Salz und Pfeffer abschmecken.

- Beilage: Reis oder Bandnudeln

◂ *im Bild vorne:* Putengulasch mit Gurken   *im Bild hinten:* Entenragout

Rezepte
GESCHNETZELT UND GEWÜRFELT

preiswert | für Gäste
Putenschnitzel mit Mozzarella

FÜR 4 PERSONEN
- 200 g Spinat | Salz
- 125 g Mozzarella
- 2 Knoblauchzehen
- 1/2 Bund Basilikum
- 1 Stück unbehandelte Zitronenschale
- Chilipulver
- 4 nicht zu dünne Putenschnitzel (je etwa 150 g)
- Pfeffer | 2 EL Olivenöl
- 2 EL Pinienkerne
- 150 ml Marsala oder Geflügelbrühe
- Zahnstocher

⏱ Zubereitung: 35 Min.
▶ Pro Portion ca.: 355 kcal

1 | Spinat verlesen, waschen und in kochendem Salzwasser in 1–2 Min. zusammenfallen lassen. Abschrecken, ausdrücken und fein hacken.

2 | Mozzarella klein würfeln. Knoblauch schälen und dazupressen. Basilikum waschen, Blättchen mit Zitronenschale fein hacken, mit Mozzarella und Spinat mischen. Mit Salz und Chili würzen.

3 | An jedem Putenschnitzel seitlich eine Tasche einschneiden. Mit der Mozzarellamischung füllen, Öffnung mit Zahnstochern verschließen. Schnitzel salzen und pfeffern.

4 | Öl in einer Pfanne erhitzen, Pinienkerne darin goldgelb braten, herausnehmen. Schnitzel im Fett bei mittlerer Hitze pro Seite 4–5 Min. braten. Aus der Pfanne nehmen. Bratsatz mit dem Marsala ablöschen. Schnitzel mit Sauce und Pinienkernen servieren.

▶ Beilage: Reis oder Nudeln

gelingt leicht | schnell
Gedämpfte Putenröllchen

FÜR 4 PERSONEN
- 12 Blätter Romanasalat
- Salz | 4 dünne Putenschnitzel (je etwa 160 g)
- Pfeffer
- 1/2 Bund Petersilie
- 2 Knoblauchzehen
- 1 kleine rote Paprikaschote
- 75 g Gorgonzola
- 100 g Doppelrahm-Frischkäse
- Dämpfeinsatz

⏱ Zubereitung: 30 Min.
▶ Pro Portion ca.: 320 kcal

1 | Salat waschen, die dicken Rippen flach schneiden. Blätter in kochendem Salzwasser 1 Min. blanchieren, abschrecken, abtropfen lassen.

2 | Putenschnitzel mit dem Handballen flach drücken, jeweils in 3 Streifen schneiden und mit Salz und Pfeffer würzen. Petersilie waschen und trockenschütteln, Blättchen fein hacken. Knoblauch schälen und durchpressen. Paprika waschen, halbieren, putzen und klein würfeln.

3 | Gorgonzola mit einer Gabel zerdrücken, mit Frischkäse verrühren. Petersilie, Knoblauch und Paprika untermischen, mit Salz und Pfeffer würzen. Putenschnitzel damit bestreichen, aufrollen und jeweils in 1 Salatblatt wickeln. Nebeneinander in den Dämpfeinsatz legen. In einem Topf Wasser zum Kochen bringen, Putenröllchen darüber stellen und zugedeckt 10 Min. dämpfen.

▶ Beilage: Butternudeln

Brust und Keule

Weil sie so gut schmecken und so einfach zuzubereiten sind, gibt es Entenbrust und Keule inzwischen ebenso das ganze Jahr über zu kaufen wie Putenkeulen. Nur von der Gans bekommt man Brust und Keule hauptsächlich im Herbst und Winter, wenn es auch frische Gänse gibt. Abhilfe lässt sich leicht schaffen, wenn man sich einen Tiefkühlvorrat anlegt. Denn mit Brust und Keule von Ente und Gans und mit den Unterkeulen von der Pute lassen sich ganz besonders feine Gerichte zaubern! Eine besonders ideale Zubereitungsart für saftige Entenbrüste ist die 80-Grad-Methode. Das Fleisch ist immer schön saftig und wunderbar aromatisch, egal, ob es nach dem Anbraten 45 Min. oder länger im Ofen bleibt. Versuchen Sie auch eine Gänsebrust mit dieser Methode.

37	Entenbrust nach der 80-Grad-Methode	42	Ententajine
37	Gänsebrust mit Äpfeln	45	Gänsebrust mit Rote-Bete-Salat
38	Paprikasch von der Gans	45	Gänsebrust mit Granatapfel
38	Entenschmortopf	46	Entenbrust mit Portweinsauce
40	Entenkeulen auf Kartoffeln	46	Pochierte Entenbrust
40	Gänsebrust-Tandoori	48	Pute auf Sauerkraut
42	Glasierte Entenkeulen	48	Pute mit Zwetschgen

Rezepte
BRUST UND KEULE

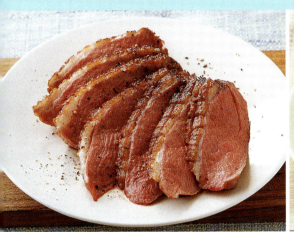

Blitzrezepte

Entenbrust nach der 80-Grad-Methode

FÜR 4 PERSONEN

➤ 2 Entenbrüste (je etwa 380 g) | Salz | Pfeffer

1 | Die Entenbrüste trockentupfen, die Fettschicht mit einem scharfen Messer rautenförmig einschneiden, aber nicht bis ins Fleisch schneiden. Entenbrüste auf beiden Seiten mit Salz und Pfeffer einreiben.

2 | Den Backofen auf 80° einschalten (Umluft ist nicht so geeignet). Eine ofenfeste Pfanne auf dem Herd gut erhitzen. Entenbrüste auf der Fettseite 2–3 Min. gut anbraten, wenden und ganz kurz weiterbraten. In der Pfanne in den Ofen (Mitte) stellen und 45 Min. garen. In dünne Scheiben schneiden.

Gänsebrust mit Äpfeln

FÜR 4 PERSONEN

➤ 2 Gänsebrüste ohne Knochen (je etwa 350 g) | Salz | Pfeffer | 3 säuerliche Äpfel

1 | Gänsebrüste mit Salz und Pfeffer einreiben. Eine Pfanne erhitzen, Fleisch mit der Fettseite nach unten darin erst bei starker, dann bei mittlerer Hitze 10 Min. braten. Wenden und weitere 8 Min., an den Längsseiten noch je 2 Min. braten.

2 | Inzwischen die Äpfel vierteln, schälen, putzen und in Schnitze schneiden. Gänsebrüste in Alufolie wickeln, Fett aus der Pfanne gießen. Äpfel im verbliebenen Fett unter Rühren 2–3 Min. braten. Mit Salz und Pfeffer würzen. Gänsebrüste in Scheiben schneiden, mit den Äpfeln servieren.

Rezepte
BRUST UND KEULE

Spezialität aus Ungarn
Paprikasch von der Gans

FÜR 4 PERSONEN

- 4 Gänsekeulen (je etwa 300 g)
- Salz | Pfeffer
- 2 Zwiebeln
- 1 EL Paprika, rosenscharf
- 1 EL Paprika, edelsüß
- 200 ml Geflügelbrühe
- je 1 rote, gelbe und grüne Paprikaschote
- 1 Tomate
- 200 g saure Sahne

◔ Zubereitung: 20 Min.
◔ Schmorzeit: 1 1/2 Std.
➤ Pro Portion ca.: 565 kcal

1 | Gänsekeulen rundherum mit Salz und Pfeffer einreiben. In einem Schmortopf ohne Fett bei mittlerer Hitze etwa 10 Min. anbraten, immer wieder wenden.

2 | Die Zwiebeln schälen und grob hacken. Gänsekeulen aus dem Topf nehmen und eventuell das Fett bis auf eine dünne Schicht abgießen. Zwiebeln im Fett andünsten, dann mit beiden Paprikasorten bestäuben und gut anschwitzen. Mit der Brühe aufgießen, Keulen wieder einlegen und bei schwacher Hitze zugedeckt 1 Std. schmoren.

3 | Die Paprikaschoten waschen, halbieren und putzen, grob würfeln. Die Tomate waschen und sehr fein schneiden. Paprika und Tomate zu den Keulen geben und nochmals 20–30 Min. schmoren. Saure Sahne unterrühren, alles mit Salz und Pfeffer abschmecken.

➤ Beilage: Salzkartoffeln

mediterran | für Gäste
Entenschmortopf

FÜR 4 PERSONEN

- 4 Entenkeulen
- Salz | Pfeffer
- 1/2 Bund Thymian
- 1 getrocknete Chilischote nach Belieben
- 250 g kleine Schalotten
- 2 EL Öl
- 3/8 l Riesling oder Gewürztraminer (ersatzweise Hühnerbrühe)
- 400 g kleine Champignons oder Egerlinge
- 1 EL Zitronensaft

◔ Zubereitung: 30 Min.
◔ Garzeit: ca. 1 1/4 Std.
➤ Pro Portion ca.: 595 kcal

1 | Die Entenkeulen mit Salz und Pfeffer einreiben. Thymian waschen und trockenschwenken, Blättchen abzupfen. Chili zerkrümeln. Die Schalotten schälen und ganz lassen.

2 | In einem Schmortopf 1 EL Öl erhitzen. Entenkeulen darin kräftig anbraten und wieder herausnehmen. Das Fett bis auf einen kleinen Film aus dem Topf gießen. Schalotten mit Thymian und Chili kurz anbraten. Mit dem Wein ablöschen, salzen und pfeffern. Entenkeulen einlegen und zugedeckt bei schwacher Hitze 45 Min. schmoren.

3 | Pilze mit Küchenpapier sauber abreiben, Stielenden abschneiden. Im übrigen Öl gut anbraten, mit dem Zitronensaft zu den Ententeilen geben und alles weitere 30 Min. schmoren. Abschmecken und servieren.

➤ Beilage: Baguette

im Bild vorne: Paprikasch von der Gans   im Bild hinten: Entenschmortopf ➤

Rezepte
BRUST UND KEULE

mediterran | preiswert
Entenkeulen auf Kartoffeln

FÜR 4 PERSONEN

- 800 g fest kochende Kartoffeln
- 4 Zweige Rosmarin
- 2 rote Zwiebeln
- 4 Knoblauchzehen
- 250 g Cocktailtomaten
- Salz | Pfeffer
- 4 Entenkeulen
- 1/4 l trockener Weißwein oder Gemüsebrühe

- Zubereitung: 20 Min.
- Garzeit: 1 1/4 Std.
- Pro Portion ca.: 630 kcal

1 | Die Kartoffeln schälen, waschen und in grobe Stücke schneiden. Rosmarin waschen und trockenschütteln, Nadeln abzupfen. Zwiebeln schälen und achteln, Knoblauch schälen und halbieren. Tomaten waschen.

2 | Den Backofen auf 170° vorheizen. Die Kartoffeln mit Rosmarin, Zwiebeln, Knoblauch und Tomaten in der Fettpfanne des Backofens mischen und mit Salz und Pfeffer würzen.

3 | Entenkeulen mit Salz und Pfeffer einreiben und auf den Kartoffeln verteilen. Im Ofen (Mitte, Umluft 150°) 1 1/4 Std. backen. Die Keulen dabei ein- bis zweimal wenden und nach der Hälfte der Zeit den Wein angießen.

- Beilage: Rucolasalat

asiatisch | gelingt leicht
Gänsebrust-Tandoori

FÜR 4 PERSONEN

- 2 Gänsebrüste mit Knochen (je etwa 370 g)
- 1 Stück Ingwer (3 cm)
- 4 Knoblauchzehen
- 400 g cremiger Joghurt
- je 1 TL gemahlene Kurkuma, Koriander, Kreuzkümmel und rosenscharfer Paprika | Salz
- 1 EL Zitronensaft

- Zubereitung: 15 Min.
- Marinierzeit: 12 Std.
- Backzeit: 45 Min.
- Pro Portion ca.: 665 kcal

1 | Die Gänsebrüste von der Fettschicht befreien. Das Fleisch mit einem Messer mehrmals etwa 1 cm tief einschneiden.

2 | Ingwer und Knoblauch schälen und durch die Knoblauchpresse zum Joghurt drücken. Alle Gewürze, Salz und Zitronensaft dazugeben und gründlich verrühren. Mischung über die Gänsebrüste gießen und diese über Nacht in den Kühlschrank stellen.

3 | Den Backofen auf 160° vorheizen. Gänsebrüste nebeneinander in eine feuerfeste Form legen. Im Ofen (Mitte, Umluft 140°) 45 Min. backen. Dabei einmal wenden, häufig mit der restlichen Marinade bestreichen.

- Beilage: Reis oder Fladenbrot

TIPP
Im Originalrezept wird rote Lebensmittelfarbe unter die Marinade gemischt, wodurch das Fleisch eine intensive Farbe bekommt. Wer mag, kann etwa 1 kleine Tube davon unterrühren.

im Bild vorne: **Entenkeulen auf Kartoffeln**   *im Bild hinten:* **Gänsebrust-Tandoori**

Rezepte
BRUST UND KEULE

gelingt leicht | fruchtig

Glasierte Entenkeulen

FÜR 4 PERSONEN

- 4 Entenkeulen
  Salz | Pfeffer
  4 kleine Zwiebeln
  3/8 l Geflügelbrühe oder trockener Weißwein
  1 1/2 EL Quitten- oder Apfelgelee
  3 EL trockener Sherry oder Apfelsaft
  3 TL Worcestersauce
  3 TL scharfer Senf
  Chilipulver nach Geschmack

- Zubereitung: 15 Min.
- Backzeit: 1 1/2 Std.
- Pro Portion ca.: 565 kcal

1 | Den Backofen auf 180° vorheizen. Die Entenkeulen rundherum mit Salz und Pfeffer einreiben. Die Zwiebeln schälen und halbieren. Entenkeulen mit den Zwiebeln in eine feuerfeste Form legen, Brühe oder Wein angießen. Entenkeulen in den Ofen (Mitte, Umluft 160°) schieben und 1 Std. garen. Die Keulen dabei ein- bis zweimal wenden.

2 | Das Gelee mit dem Sherry, der Worcestersauce und dem Senf verrühren und mit ca. 1/2 TL Chilipulver und Salz abschmecken.

3 | Die Keulen mit der Glasur bepinseln und noch einmal 30 Min. garen. Dabei immer wieder bepinseln.

Spezialität aus Marokko

Ententajine

FÜR 4 PERSONEN

- 1 EL Ras-el-Hanut (Gewürz- oder Asienladen)
  2 TL Zucker | Salz
  4 Entenkeulen
  1 Döschen Safranfäden (0,1 g)
  2 Zwiebeln | 400 g Möhren
  400 g grüne Bohnen
  2 EL Olivenöl
  1 unbehandelte Zitrone
  50 g grüne Oliven

- Zubereitung: 30 Min.
- Schmorzeit: 2 Std.
- Pro Portion ca.: 580 kcal

1 | Eine Tajineform (s. Tipp) eventuell wässern. Ras-el-Hanut mit Zucker und Salz mischen, Entenkeulen damit einreiben.

2 | Safran zwischen den Fingern zerkrümeln und in 1/4 l lauwarmes Wasser rühren. Zwiebeln schälen, halbieren und in Streifen schneiden. Möhren schälen und der Länge nach vierteln, quer teilen. Bohnen waschen und die Enden abschneiden.

3 | Öl in der Form erhitzen. Keulen darin anbraten. Zwiebeln, Möhren und Bohnen dazumischen, salzen, Safranwasser angießen. Bei schwacher Hitze zugedeckt 1 1/2 Std. schmoren, bis Fleisch und Gemüse weich sind.

4 | Zitrone heiß waschen und in Achtel schneiden. Mit den Oliven zur Tajine geben, weitere 30 Min. schmoren.

- Beilage: Fladenbrot

TIPP

Tajineformen sind in der Regel aus hitzefestem Ton. Unglasierte Formen muss man etwa 1 Std. wässern, glasierte Formen kann man ohne Vorbereitung verwenden. Ersatzweise einen Schmortopf verwenden.

im Bild vorne: **Glasierte Entenkeulen**   *im Bild hinten:* **Ententajine**

Rezepte
BRUST UND KEULE

macht was her
Gänsebrust mit Rote-Bete-Salat

FÜR 4 PERSONEN

- 750 g Rote Bete
  2 Gänsebrüste ohne Knochen
  Salz | Pfeffer
  5 EL Orangenlikör oder Orangensaft
  3 EL Rotweinessig
  1/2 EL Johannisbeer-, Quitten- oder Apfelgelee
  2 EL Joghurt | 3 EL Rapsöl
  1 1/2 EL frisch geriebener Meerrettich

- Zubereitung: 1 1/2 Std.
- Pro Portion ca.: 795 kcal

1 | Die Roten Beten in Wasser zugedeckt bei mittlerer Hitze in 1 Std. weich garen.

2 | Den Backofen auf 180° vorheizen. Fettseite der Gänsebrüste gitterförmig einschneiden, auf beiden Seiten mit Salz und Pfeffer einreiben. Eine Pfanne erhitzen und das Fleisch auf der Fettseite ein paar Min. braten. Wenden und kurz weiterbraten. Mit der Fettseite nach oben in eine feuerfeste Form legen und in den Ofen schieben. Mit dem Orangenlikör begießen und 50 Min. (Umluft 160°) braten. Dann die Gänsebrüste in Alufolie wickeln und ruhen lassen.

3 | Für den Salat die Roten Beten kalt abschrecken, schälen und klein würfeln. Essig mit Gelee, Joghurt, Salz und Pfeffer verrühren. Öl und Meerrettich unterschlagen. Rote-Bete-Würfel untermischen, abschmecken. Gänsebrüste in Scheiben schneiden, mit dem Salat servieren.

- Beilage: Kartoffelgratin

exotisch | fruchtig
Gänsebrust mit Granatapfel

FÜR 4 PERSONEN

- 2 Gänsebrüste ohne Knochen | Salz | Pfeffer
  8 mittelgroße Schalotten
  2 Knoblauchzehen
  4 Salbeiblättchen
  100 g Walnusskerne
  150 ml Geflügelbrühe
  1 Granatapfel
  2 EL Grenadine (Granatapfelsirup)

- Zubereitung: 40 Min.
- Pro Portion ca.: 825 kcal

1 | Gänsebrüste mit Salz und Pfeffer einreiben. Schalotten schälen und vierteln. Knoblauch schälen und in feine Scheiben schneiden. Salbei waschen, in Streifen schneiden. Walnusskerne reiben.

2 | Einen Schmortopf erhitzen, die Gänsebrüste auf der Fettseite 5 Min. braten. Wenden und kurz weiterbraten, dann das Fett aus dem Topf abgießen. Schalotten, Knoblauch, Salbei und Walnüsse zur Gänsebrust geben und anbraten.

3 | Brühe angießen. Den Granatapfel halbieren, eine Hälfte auspressen und mit dem Sirup in den Topf geben. Salzen, pfeffern und zugedeckt 20 Min. schmoren. Übrigen Granatapfel in Stücke brechen und die Kerne auslösen. Gänsebrüste in Scheiben schneiden, in die Sauce legen und mit Granatapfelkernen bestreuen.

- Beilage: Reis mit Kruste (s. Seite 11)

Rezepte
BRUST UND KEULE

schnell | gelingt leicht
Entenbrust mit Portweinsauce

FÜR 4 PERSONEN

- 4 kleinere Entenbrüste (je etwa 230 g)
- Salz | Pfeffer
- 2 Schalotten
- 2 Zweige Thymian | 1 EL Öl
- 200 ml roter Portwein
- 200 ml Enten- oder Hühnerfond (Glas)
- 60 g kalte Butter

🕐 Zubereitung: 40 Min.
▶ Pro Portion ca.: 750 kcal

1 | Die Fettschicht der Entenbrüste mit einem scharfen Messer rautenförmig einschneiden. Entenbrüste auf beiden Seiten mit Salz und Pfeffer einreiben.

2 | Den Backofen auf 220° (Umluft 200°) vorheizen. Eine schwere ofenfeste Pfanne heiß werden lassen, die Entenbrüste auf der Fettseite 2 Min. kräftig anbraten. Wenden und 2–3 Min. braten. Dann wieder wenden und in den Ofen (Mitte) schieben. In 10 Min. fertig braten.

3 | Inzwischen die Schalotten schälen und fein würfeln. Thymian waschen. Schalotten mit Thymian im Öl andünsten. Portwein und Fond angießen und alles bei starker Hitze in 5 Min. auf die Hälfte einkochen lassen.

4 | Thymian aus der Sauce fischen, Butter in kleinen Stücken mit dem Schneebesen unterschlagen. Entenbrüste in Scheiben schneiden, mit der Sauce servieren.

▶ Beilage: Kartoffelgratin

gelingt leicht
Pochierte Entenbrust

FÜR 4 PERSONEN

- 900 g Entenbrustfilets
- 1 Bund Suppengrün
- 1/4 l trockener Weißwein
- 1 TL Wacholderbeeren
- 2 Lorbeerblätter
- 3 zarte Kohlrabi
- 1/2 unbehandelte Zitrone
- 2 EL Butter
- Salz | Pfeffer
- frisch geriebene Muskatnuss
- 1 EL Crème fraîche

🕐 Zubereitung: 50 Min.
▶ Pro Portion ca.: 655 kcal

1 | Von den Entenbrüsten die Fettschicht entfernen. Suppengrün waschen, putzen und grob zerkleinern. Mit Wein, Wacholderbeeren, Lorbeer und 3/4 l Wasser in einem Topf zum Kochen bringen. Entenbrüste einlegen und bei schwacher Hitze in 35–40 Min. gar ziehen lassen.

2 | Inzwischen zarte Kohlrabiblättchen beiseite legen. Kohlrabi schälen, vierteln und in dünne Scheiben schneiden. Zitronenhälfte waschen und abtrocknen, Schale dünn abschneiden und fein hacken.

3 | Kohlrabi mit 50 ml Wasser, Butter und Zitronenschale erhitzen. Mit Salz, Pfeffer und Muskat würzen und zugedeckt bei schwacher Hitze 8 Min. schmoren. Kohlrabigrün hacken und mit der Crème fraîche untermischen.

4 | Entenbrüste aus dem Sud heben, in dünne Scheiben schneiden und mit dem Kohlrabi servieren.

im Bild links: Entenbrust mit Portweinsauce   *im Bild rechts:* Pochierte Entenbrust

Rezepte
BRUST UND KEULE

herzhaft | preiswert
Pute auf Sauerkraut

FÜR 4 PERSONEN

- 4 Putenunterschenkel (je etwa 300 g)
  4 Wacholderbeeren
  Salz | Pfeffer
  2 EL Butterschmalz
  4 Schalotten oder 2 Zwiebeln | 750 g Sauerkraut
  300 ml Gemüse- oder Geflügelbrühe
  2 Lorbeerblätter
  2 TL Paprika, edelsüß
  2 EL saure Sahne
  2 TL Zucker

- Zubereitung: 25 Min.
- Schmorzeit: 1 Std.
- Pro Portion ca.: 360 kcal

1 | Putenschenkel trockentupfen. Wacholderbeeren fein zerdrücken, mit Salz und Pfeffer mischen und die Keulen damit einreiben.

2 | Butterschmalz in einem Topf erhitzen. Putenkeulen darin rundherum gut anbraten. Inzwischen die Schalotten schälen und fein würfeln.

3 | Putenschenkel aus dem Topf nehmen, Schalotten im Fett andünsten. Sauerkraut und Brühe untermischen. Lorbeer einlegen, Kraut mit Paprika und Salz würzen.

4 | Putenkeulen auf das Kraut legen und zugedeckt bei schwacher Hitze 1 Std. schmoren. Putenkeulen herausnehmen. Sauerkraut und saure Sahne mischen, mit Zucker und eventuell Salz und Pfeffer abschmecken. Mit den Keulen servieren.

- Beilage: Salzkartoffeln

gut vorzubereiten
Pute mit Zwetschgen

FÜR 4 PERSONEN

- 6 EL Sojasauce
  3 TL Garam Masala (indische Gewürzmischung)
  1 TL Zimtpulver
  4 Sternanis
  2 Putenunterschenkel oder Stücke von der Oberkeule (je etwa 500 g)
  400 g Zwetschgen
  2 rote Chilischoten
  4 Knoblauchzehen
  2 TL brauner Zucker
  1 EL dunkler Reisessig
  Salz

- Zubereitung: 10 Min.
- Marinierzeit: mind. 2 Std.
- Garzeit: 2 Std.
- Pro Portion ca.: 355 kcal

1 | Sojasauce mit Garam Masala und Zimt mischen. Sternanis mit einem Hammer leicht anklopfen und unterrühren. Die Mischung über den Putenschenkeln verteilen und mindestens 2 Std., besser über Nacht, ziehen lassen.

2 | Dann die Zwetschgen waschen, halbieren und entsteinen. Chilis waschen, vom Stiel befreien und mit den Kernen in Ringe schneiden. Knoblauch schälen und halbieren. Zwetschgen, Chili und Knoblauch mit dem Zucker und dem Essig mischen und in eine feuerfeste Form legen.

3 | Den Backofen auf 160° vorheizen. Putenschenkel aus der Marinade nehmen und salzen. Mit der Marinade auf den Zwetschgen verteilen und im Ofen (Mitte, Umluft 140°) 2 Std. garen, zwischendurch wenden.

- Beilage: Reis

Große Stücke

Wenn ein festlicher Anlass ins Haus steht oder einfach einmal ein paar mehr Gäste erwartet werden, kommt die Gelegenheit, eine ganze Ente, Pute oder Gans in den Ofen zu schieben, einen großen Braten zu schmoren oder eine Keule zu pochieren. Hier finden Sie eine Auswahl an besonderen Gerichten, die Eindruck machen und dennoch ganz leicht gelingen. Wie man das Geflügel ohne Füllung zubereitet, steht übrigens auf Seite 6.

51   Saftiger Putenbraten
51   Pochierte Putenkeule
52   Marinierte Wildenten
52   Ente mit Orangen

54   Putenrollbraten
56   Gefüllter Truthahn
58   Gans mit exotischer Pilzfüllung

Rezepte
GROSSE STÜCKE

Blitzrezepte

Saftiger Putenbraten

FÜR 4 PERSONEN

➤ 800 g Putenbrust am Stück | Salz Pfeffer | frisch geriebene Muskatnuss je 2 Zweige Rosmarin und Salbei | 2 EL Butter | knapp 1/2 l Milch | 1 EL Orangenlikör nach Belieben | etwas abgeriebene Orangenschale

1 | Putenbrust mit Salz, Pfeffer und Muskat einreiben. Kräuter waschen, trockenschütteln, mit Stielen grob zerkleinern.

2 | Butter in einem Schmortopf erhitzen, Braten darin anbraten. Milch angießen, Kräuter einlegen. Braten zugedeckt bei schwacher Hitze 1 Std. schmoren. Sauce sieben, einkochen lassen, mit Likör, Schale und Salz abschmecken. Braten in Scheiben schneiden, mit Sauce servieren.

Pochierte Putenkeule

FÜR 4 PERSONEN

➤ 1 1/4 l Geflügelbrühe | 1/4 l trockener Weißwein | 2 Lorbeerblätter | 1 TL Wacholderbeeren | 1 Putenoberkeule (ohne Knochen, 800 g) | 2 säuerliche Äpfel | 1 EL Senfpulver | 2 EL Crème fraîche | Salz | Pfeffer

1 | Brühe mit Wein, Lorbeer und Wacholder zum Kochen bringen. Putenkeule darin bei schwacher Hitze 1 Std. garen.

2 | Äpfel vierteln, entkernen und schälen. In Schnitze schneiden und mit 1/4 l Putenbrühe bei schwacher Hitze 15 Min. zugedeckt schmoren. Pürieren, mit Senfpulver und Crème fraîche verrühren, salzen und pfeffern. Fleisch in Scheiben schneiden, mit Sauce servieren.

Rezepte
GROSSE STÜCKE

gut vorzubereiten
Marinierte Wildenten

FÜR 4 PERSONEN

➤ 2 Wildenten (je ca. 800 g)
3/4 l trockener Rotwein
2 Lorbeerblätter
1 TL Gewürznelken
1 Stück Zimtstange
Salz | Pfeffer
1/4 l Entenfond (Glas)
1 EL Orangenmarmelade
2 TL Honig
2 EL Aceto balsamico

🕒 Zubereitung: 20 Min.
🕒 Marinieren: 12 Std.
🕒 Backzeit: ca. 1 Std. 10 Min.
➤ Pro Portion ca.: 835 kcal

1 | Die Enten innen und außen kalt abspülen. Rotwein, Lorbeer, Nelken und Zimt mischen, Enten darin über Nacht marinieren.

2 | Den Backofen auf 180° vorheizen. Enten abtropfen lassen und innen und außen salzen und pfeffern. Enten mit der Brust nach unten in die Fettpfanne legen, im Ofen (Mitte, Umluft 160°) 35 Min. braten. Enten wenden, den Fond angießen und weitere 35 Min. braten, dabei ab und zu mit Fond begießen.

3 | Den Bratfond in einen Topf gießen, die Hälfte der Marinade dazusieben, alles auf die Hälfte einkochen lassen. Mit Marmelade, Honig, Balsamico, Salz und Pfeffer würzen. Enten halbieren und mit der Sauce servieren.

Klassiker aus Frankreich
Ente mit Orangen

FÜR 4 PERSONEN

➤ 1 Bauernente (etwa 2,7 kg)
Salz | Pfeffer | frisch geriebene Muskatnuss
1/4 l trockener Weißwein
2 unbehandelte Orangen
4 EL Orangenlikör
1/8 l heller Portwein
2 EL Zitronensaft
1 EL Zucker

🕒 Zubereitung: 35 Min.
🕒 Bratzeit: 3 Std.
➤ Pro Portion ca.: 910 kcal

1 | Den Backofen auf 170° vorheizen. Ente innen und außen mit Salz, Pfeffer und Muskat einreiben, mit der Brust nach unten in die Fettpfanne legen. 1/4 l heißes Wasser angießen, die Ente im Ofen (unten, Umluft 150°) 30 Min. braten. Wenden, Wein angießen und 2 1/2 Std. braten. Häufig mit dem Bratfond beschöpfen. Die Ente herausnehmen, Backofengrill einschalten.

2 | Inzwischen 1 Orange heiß waschen und abtrocknen. Die Hälfte der Schale dünn abschneiden und in Streifen schneiden. Die Orangen so schälen, dass auch die weiße Haut entfernt wird. Die Filets zwischen den Trennwänden herausschneiden, den Saft auffangen.

3 | Die Ente in 12 Stücke teilen und mit der Haut nach oben auf den Rost legen. Unter dem heißen Grill knusprig werden lassen.

4 | Inzwischen die Sauce entfetten und in einen Topf gießen. Orangenlikör, Portwein, Orangensaft, Zitronensaft und Zucker zugeben und aufkochen lassen. Orangenfilets einlegen und erwärmen. Die Sauce mit Salz und Pfeffer abschmecken und zur Ente servieren.

Rezepte
GROSSE STÜCKE

gut vorzubereiten
Putenrollbraten

FÜR 4 PERSONEN

- 1 flacheres Stück Putenbrust oder ausgelöste Keule (etwa 800 g, am besten vorbestellen)
- 1 Stange Lauch
- 2 Möhren
- 1 Bund Rucola
- 250 g Ricotta
- 1 Ei (Größe M)
- 200 g Kalbsbrät
- Salz | Pfeffer
- 3 rote Paprikaschoten
- 300 g Zwiebeln
- 1/4 l trockener Weißwein oder Geflügelbrühe

🕒 Zubereitung: 40 Min.
🕒 Bratzeit: 50 Min.
➤ Pro Portion ca.: 470 kcal

1 | Fleisch als Rollbraten vorbereiten und auf einem Küchenbrett ausbreiten.

2 | Gemüse waschen oder schälen, putzen und fein würfeln. Rucola waschen, trockenschütteln und fein hacken.

3 | Ricotta mit Ei und Brät gründlich verrühren. Lauch, Möhren und Rucola untermischen, mit Salz und Pfeffer würzen.

4 | Den Backofen auf 180° vorheizen. Fleisch salzen und pfeffern, Füllung darauf verstreichen. Aufrollen und mit Küchengarn verschnüren.

5 | Paprika waschen, halbieren, putzen und in 1 cm breite Streifen schneiden. Zwiebeln schälen und ebenfalls in Streifen schneiden.

6 | Paprika und Zwiebeln mit dem Wein in einer ofenfesten Form mischen und mit Salz und Pfeffer würzen. Braten hineinsetzen. Im Ofen (unten, Umluft 160°) 50 Min. braten.

1 Aufschneiden

Die Putenbrust an einer Längsseite aufschneiden, das Fleisch soll noch zusammen halten.

2 Füllen

Putenbrust aufklappen. Mit Füllung bestreichen, rundherum einen Rand frei lassen.

3 Rollen

Von einer Längsseite her aufrollen. Den Braten mit Küchengarn binden, außen mit Salz und Pfeffer würzen.

Rezepte
GROSSE STÜCKE

Spezialität aus den USA
Gefüllter Truthahn

FÜR 8 PERSONEN

- 1 kleine Pute mit Innereien (etwa 4 kg)
- 2 altbackene Brötchen
- 1/8 l lauwarme Milch
- 100 g durchwachsener Speck
- 1 Stange Lauch
- 200 g Champignons oder Egerlinge
- 1 kleine Dose Zuckermais (140 g Abtropfgewicht)
- 1 Bund Petersilie
- 3 Eier
- 50 g geriebener Hartkäse
- Salz | Pfeffer
- 1/2 l halbtrockener Weißwein oder Geflügelbrühe

🕒 Zubereitung: 55 Min.
🕒 Bratzeit: 3 1/2 Std.
➤ Pro Portion ca.: 730 kcal

1 | Die Innereien aus der Pute nehmen, die Pute kalt abspülen und trockentupfen. Die Leber und das Herz der Pute klein würfeln.

2 | Die Brötchen in einer Schüssel mit der Milch übergießen und einweichen. Den Speck von der Schwarte und den Knorpeln befreien und in kleine Würfel schneiden. Den Lauch putzen, längs aufschlitzen, waschen und fein schneiden. Die Pilze mit Küchenpapier abreiben und die Enden abschneiden. Pilze in feine Scheiben schneiden.

3 | Speck in einer Pfanne bei mittlerer Hitze auslassen und leicht knusprig werden lassen. Pilze und Lauch dazugeben und kurz anbraten, dann die Leber und das Herz der Pute unterrühren und kurz braten. Mischung in eine Schüssel geben. Mais abtropfen lassen und hinzufügen.

4 | Petersilie waschen und trockenschütteln, die Blättchen abzupfen und fein hacken. Die Brötchen ausdrücken und mit den Händen fein zerpflücken. Beides mit den Eiern und dem Käse zur Speckmischung in die Schüssel geben. Alles mit Salz und Pfeffer abschmecken und gut durchmischen.

5 | Den Backofen auf 170° vorheizen. Die Füllung in die Pute füllen, die Öffnung mit Zahnstochern und Küchengarn (s. Seite 8) verschließen. Die Pute außen gründlich mit Salz und Pfeffer einreiben und mit der Brust nach unten in die Fettpfanne des Backofens legen.

6 | Die Pute im Ofen (unten, Umluft 150°) 1 Std. braten. Dann wenden und den Wein angießen. Die Pute weitere 2 1/2 Std. braten, bis sie schön gebräunt ist. Dabei häufig mit dem Bratfond begießen.

7 | Die Pute aufschneiden, die Füllung herausnehmen, in Scheiben schneiden und im Backofen auf einer Platte warm halten. Das Putenfleisch in Scheiben von der Pute schneiden und mit der Füllung servieren.

➤ Beilage: gebackene oder gekochte (Süß-)Kartoffeln und Preiselbeeren

➤ Variante: Gut schmeckt in der Füllung auch anderes Gemüse wie Möhren, grüne Bohnen oder Erbsen. Ein besonderes Aroma bekommt sie durch 1 Hand voll fein gehackte Nüsse – etwa Pecan- oder Walnüsse.

Rezepte
GROSSE STÜCKE

für Festtage | für Gäste

Gans mit exotischer Pilzfüllung

FÜR 6–8 PERSONEN

- 2 altbackene Brötchen
- 1/8 l lauwarme Milch
- 250 g Egerlinge oder Champignons
- 2 EL Butter
- 1 Bund Frühlingszwiebeln
- 1 Limette
- 1 rote Chilischote
- 1 Stück Ingwer (2 cm)
- 1/4 Bund Koriandergrün
- 2 Eier
- Salz | Pfeffer
- 1 fleischige Gans (etwa 4 1/2 kg)
- Zahnstocher

- Zubereitung: 40 Min.
- Bratzeit: 4 Std.
- Bei 8 Personen pro Portion ca.: 1050 kcal

1 | Die Brötchen klein würfeln, mit der Milch mischen, 10 Min. ziehen lassen.

2 | Inzwischen die Pilze mit Küchenpapier sauber reiben und von den Stielenden befreien. Pilze in 1/2 cm dicke Scheiben schneiden und in der Butter in einer Pfanne unter Rühren 3–4 Min. braten. In eine Schüssel füllen.

3 | Die Frühlingszwiebeln waschen, putzen und mit dem knackigen Grün in feine Ringe schneiden. Die Limette heiß waschen und abtrocknen, die Schale fein abreiben. Chilischote waschen und vom Stielansatz befreien, mit den Kernen in feine Ringe schneiden. Ingwer schälen und fein hacken. Koriander waschen und trockenschütteln, Blättchen ebenfalls fein schneiden.

4 | Den Backofen auf 170° vorheizen. Das Brot ausdrücken und mit den Zwiebelringen, der Limettenschale, Chili, Ingwer, Koriander und den Eiern zu den Pilzen geben. Alles mit Salz und Pfeffer würzen und kräftig durchkneten.

5 | Die Gans innen und außen kalt abspülen und trockentupfen. Mit Salz und Pfeffer einreiben. Füllung im Bauch der Gans verteilen und die Öffnung mit Zahnstochern und Küchengarn (s. Seite 8) verschließen.

6 | Gans mit der Brust nach unten in den Bräter legen, 3/8 l heißes Wasser angießen. Gans in den Ofen (unten, Umluft 150°) schieben und 1 Std. braten. Gans wenden und weitere 3 Std. braten. Dabei immer wieder mit Bratflüssigkeit begießen und bei Bedarf noch etwas heißes Wasser nachgießen.

7 | Gans aus dem Ofen nehmen, die Füllung aus der Gans entfernen und in den Backofen (unten) stellen. Gans in Stücke schneiden, mit der Haut nach oben auf den Rost legen und kurz unter den heißen Grillschlangen knusprig werden lassen.

8 | Inzwischen die Sauce in einen Topf umschütten und entfetten. Aufkochen lassen, mit Salz und Pfeffer abschmecken und zur Gans servieren.

- Beilage: Blattspinat und Reis mit Kruste
- Servieren Sie dazu einen Salat aus frischen Ananasstücken und Frühlingszwiebeln, mit Essig, Honig und Sambal oelek abgeschmeckt.

Zum Gebrauch
Damit Sie Rezepte mit bestimmten Zutaten noch schneller finden können, stehen in diesem Register zusätzlich auch Zutaten wie Ente oder Pute – ebenfalls geordnet und **hervorgehoben** gedruckt – über den entsprechenden Rezepten.

A

Apfel
- Maronen-Apfel-Püree (Kurzrezept)   10
- Apfel: Pochierte Putenkeule   51

Aubergine: Entenragout   33

B/C

Balsamico-Ente   23
Bananen: Pute mit Currybananen   30
Bohnen, grüne: Ententajine   42
Cashews: Putenwürfel mit Cashews   30

Champignons
- Entenschmortopf   38
- Entensuppe mit Linsen   20
- Gefüllter Truthahn   56
- Pilzcarpaccio mit Gänseleber   19
- Salat mit Putenstreifen   13

Chilis: Süßsaure Chilisauce (Kurzrezept)   10

E

Egerlinge: Gans mit exotischer Pilzfüllung   58
Einkauf   5
Ente mit Orangen   52
Entenbraten (Grundrezept)   6

Entenbrust
- Balsamico-Ente   23
- Entenbrust mit Portweinsauce   46
- Entenbrust nach der 80-Grad-Methode   37
- Entenragout   33
- Enten-Zuckerschoten-Wok   24
- Pochierte Entenbrust   46
- Reisnudelsalat mit Ente   16
- Entensaté mit Erdnusssauce   29

Entenkeulen
- Entenkeulen auf Kartoffeln   40
- Entenschmortopf   38
- Entensuppe mit Linsen   20
- Ententajine   42
- Glasierte Entenkeulen   42
- Thai-Ente   24

Entenlebermousse   14
Erbsen: Pute mit Currybananen   30
Erdnüsse: Entensaté mit Erdnusssauce   29

F/G

Fett   5
Frischkäse: Gedämpfte Putenröllchen   34
Frittierte Putenwürfel   13
Füllen (Küchenpraxis)   8
Gans mit exotischer Pilzfüllung   58
Gänsebrust auf Rotkohlsalat   19
Gänsebrust mit Äpfeln   37
Gänsebrust mit Granatapfel   45
Gänsebrust mit Rote-Bete-Salat   45
Gänsebrust-Tandoori   40
Gänsefleischfrikadellen   26

Gänsekeulen
- Gänsefleischfrikadellen   26
- Paprikasch von der Gans   38

Gänseleber: Pilzcarpaccio mit Gänseleber   19
Garproben   5
Gedämpfte Putenröllchen   34
Gefüllter Truthahn   56
Glasierte Entenkeulen   42
Gorgonzola: Gedämpfte Putenröllchen   34
Granatapfel: Gänsebrust mit Granatapfel   45
Gurke: Putengulasch mit Gurken   33

H/I/J/K

Helfer   5
Joghurt: Entenkeulen auf Kartoffeln   40
Kalbsbrät: Putenrollbraten   54

Kartoffeln
- Entenkeulen auf Kartoffeln   40
- Kartoffelgratin (Kurzrezept)   11
- Kartoffel-Sellerie-Püree (Kurzrezept)   11

Käse: Gefüllter Truthahn   56
Kohlrabi: Pochierte Entenbrust   46
Kokossuppe mit Putenstreifen   20

L/M

Lauch
- Gefüllter Truthahn   56
- Putengulasch mit Gurken   33
- Putenrollbraten   54

Leber mit Salbei   26
Linsen: Entensuppe mit Linsen   20

Extra
REGISTER

Marinierte Wildenten 52
Maronen-Apfel-Püree
 (Kurzrezept) 10
Möhren
 Ententajine 42
 Putenrollbraten 54
Mozzarella: Putenschnitzel
 mit Mozzarella 34

O/P

Orange: Ente mit Orangen 52
Paprika
 Entenragout 33
 Gedämpfte Putenröllchen 34
 Paprikasch von der Gans 38
 Puten-Gemüse-Salat 16
 Putenrollbraten 54
 Putenwürfel mit Cashews 30
Pilzcarpaccio mit Gänseleber 19
Pilzrisotto (Kurzrezept) 11
Pochierte Entenbrust 46
Pochierte Putenkeule 51
Portionieren (Küchenpraxis) 8
Preiselbeer-Konfitüre
 (Kurzrezept) 10
Putenbrust
 Frittierte Putenwürfel 13
 Pute mit Tunfisch-Limetten-
  Sauce 14
 Putengulasch mit Gurken 33
 Putenrollbraten 54
 Putenwürfel mit Cashews 30
 Saftiger Putenbraten 51
Putenkeule
 Pochierte Putenkeule 51
Putenschenkel
 Pute auf Sauerkraut 48
 Pute mit Zwetschgen 48

Putenschnitzel
 Gedämpfte Putenröllchen 34
 Kokossuppe mit
  Putenstreifen 20
 Pute mit Currybananen 30
 Puten-Gemüse-Salat 16
 Putenschnitzel mit
  Mozzarella 34
 Putenstreifen in
  Senfsahne 23
 Salat mit Putenstreifen 13
 Putenwürfel mit Cashews 30

R

Reis mit Kruste (Kurzrezept) 11
Reisnudelsalat mit Ente 16
Risotto: Pilzrisotto
 (Kurzrezept) 11
Romanasalat: Gedämpfte
 Putenröllchen 34
Rote Bete: Gänsebrust mit
 Rote-Bete-Salat 45
Rotkohl: Gänsebrust auf
 Rotkohlsalat 19

S

Saftiger Putenbraten 51
Salat mit Putenstreifen 13
Salmonellen 5
Sauerkraut: Pute auf
 Sauerkraut 48
Sellerie: Kartoffel-Sellerie-Püree
 (Kurzrezept) 11
Spinat
 Putenschnitzel mit
  Mozzarella 34
 Reisnudelsalat mit Ente 16
Süßsaure Chilisauce
 (Kurzrezept) 10

T

Thai-Ente 24
TK-Geflügel 5
Tomaten
 Entenkeulen auf Kartoffeln 40
 Entenragout 33
 Entensuppe mit Linsen 20
 Kokossuppe mit
  Putenstreifen 20
 Leber mit Salbei 26
 Pilzcarpaccio mit
  Gänseleber 19
 Putengulasch mit Gurken 33
 Salat mit Putenstreifen 13
 Thai-Ente 24
Tranchieren (Küchenpraxis) 9
Tunfisch: Pute mit Tunfisch-
 Limetten-Sauce 14

W/Z

Wacholder-Kräuter-Butter
 (Kurzrezept) 10
Walnüsse: Gänsebrust
 mit Granatapfel 45
Wildenten: Marinierte
 Wildenten 52
Zucchino: Puten-Gemüse-
 Salat 16
Zuckermais: Gefüllter
 Truthahn 56
Zuckerschoten: Enten-Zucker-
 schoten-Wok 24
Zwetschgen: Pute mit
 Zwetschgen 48

Extra
IMPRESSUM

Die Autorin
Cornelia Schinharl interessiert sich für alles, was mit Essen und Trinken zu tun hat. Seit über 15 Jahren bringt sie ihren Erfahrungsschatz als freie Food-Journalistin und Kochbuchautorin zu Papier. Ihr Ideenpotenzial scheint schier unerschöpflich, auch für diesen Ratgeber hat sie wieder Kreationen entwickelt, die jeden Gaumen betören werden.

Der Fotograf
Jörn Rynio arbeitet als Fotograf in Hamburg. Zu seinen Auftraggebern gehören nationale und internationale Zeitschriften-, Buchverlage und Werbeagenturen. Tatkräftig wurde er dabei von den Foodstylisten Petra Speckmann und Hermann Rottmann unterstützt.

Bildnachweis
alle Bilder: Jörn Rynio, Hamburg
außer: Innentitel, S. 4: Stockfood, München
Titelbildrezept: Ente mit Orangen S. 52

Hinweis: Die Temperaturstufen bei Gasherden variieren von Hersteller zu Hersteller. Welche Stufe Ihres Herdes der angegebenen Temperatur entspricht, entnehmen Sie bitte der Gebrauchsanweisung.

©2005 GRÄFE UND UNZER VERLAG GmbH, München

Alle Rechte vorbehalten. Nachdruck, auch auszugsweise, sowie Verbreitung durch Film, Funk, Fernsehen und Internet durch fotomechanische Wiedergabe, Tonträger und Datenverarbeitungssysteme jeglicher Art nur mit schriftlicher Genehmigung des Verlages.

Programmleitung: Doris Birk
Leitende Redakteurin: Birgit Rademacker
Redaktion: Stefanie Poziombka
Lektorat: Adelheid Schmidt-Thomé
Korrektorat: Mischa Gallé
Layout, Typografie und Umschlaggestaltung: Independent Medien Design, München
Satz: Uhl + Massopust, Aalen
Herstellung: Gloria Pall
Reproduktion: Repro Ludwig, Zell am See
Druck und Bindung: Kaufmann, Lahr

ISBN(10) 3-7742-8787-2
ISBN(13) 978-3-7742-8787-7

Auflage	5.	4.	3.	2.	
Jahr	2009	08	07	06	05

Ein Unternehmen der
GANSKE VERLAGSGRUPPE

Das Original mit Garantie

Ihre Meinung ist uns wichtig. Deshalb möchten wir Ihre Kritik, gerne aber auch Ihr Lob erfahren. Um als führender Ratgeberverlag für Sie noch besser zu werden. Darum: Schreiben Sie uns! Wir freuen uns auf Ihre Post und wünschen Ihnen viel Spaß mit Ihrem GU-Ratgeber.

Unsere Garantie: Sollte ein GU-Ratgeber einmal einen Fehler enthalten, schicken Sie uns das Buch mit einem kleinen Hinweis und der Quittung innerhalb von sechs Monaten nach dem Kauf zurück. Wir tauschen Ihnen den GU-Ratgeber gegen einen anderen zum gleichen oder ähnlichen Thema um.

GRÄFE UND UNZER VERLAG
Redaktion
Kochen & Verwöhnen
Postfach 86 03 25
81630 München
Fax: 089/41981-113
e-mail: leserservice@graefe-und-unzer.de

GU KÜCHENRATGEBER
Neue Rezepte für den großen Kochspaß

ISBN (10) 3-7742-8788-0
ISBN (13) 978-3-7742-8788-4

ISBN (10) 3-7742-4881-8
ISBN (13) 978-3-7742-4881-6

ISBN (10) 3-7742-5462-1
ISBN (13) 978-3-7742-5462-6

ISBN (10) 3-7742-6063-X
ISBN (13) 978-3-7742-6063-4

ISBN (10) 3-7742-6890-8
ISBN (13) 978-3-7742-6890-6

ISBN (10) 3-7742-6337-X
ISBN (13) 978-3-7742-6337-6

64 Seiten, 7,50 € [D]

Das macht die GU Küchenratgeber zu etwas Besonderem:
- *Rezepte mit maximal 10 Hauptzutaten*
- *Blitzrezepte in jedem Kapitel*
- *alle Rezepte getestet*
- *Geling-Garantie durch die 10 GU-Erfolgstipps*

Willkommen im Leben.

GEFLÜGEL DRESSIEREN

- Damit Keulen und Flügel nicht abstehen und zu rasch zu dunkel werden, bindet man sie oft an den Körper des Geflügels.
- Bei einer Ente mit der Dressiernadel und einem Faden von einem Flügelende zum nächsten stechen, Ente wenden. Die beiden Oberschenkel am Ende durchstechen, dabei auch einen Teil der Bauchdecke mit dem Faden binden. Fadenenden am Rücken verknoten.

Geling-Garantie für Pute, Gans und Ente

INNEREIEN VERWENDEN

- Bei ganzem Geflügel findet man Herz, Magen und Leber im Inneren des Tiers.
- Herz und Magen einfach mit in die Fettpfanne oder Form legen, sie geben der Sauce Aroma und können auch mitgegessen werden.
- Leber am besten extra braten, würzen und mit einem Salat als Vorspeise servieren. Leber kann man im Geflügelladen extra kaufen.

DIE GANS – SO VIEL ZEIT MUSS SEIN

- Bei ganzen Gänsen rechnet man pro kg knapp 50 Min. bei 170° (Umluft 150°).
- Gänsebrüste und Gänsekeulen brauchen im Backofen 1–1 1/2 Std., um gar und angenehm weich zu werden.

IMMER MIT DER RUHE

- Wie bei allen großen Braten ist es auch beim Geflügel sinnvoll, es nach dem Braten etwa 10 Min. ruhen zu lassen, bevor man es anschneidet. Der Fleischsaft verteilt sich dadurch besser.
- Teile wie Enten- oder Gänsebrüste dazu in Alufolie wickeln, damit sie heiß bleiben.